JN000914

田中角栄　上司の心得

小林吉弥

GENTOSHA

いまこそ田中角栄の知恵を盗め——まえがきに代えて

例えば、ビジネスマンがコロナ禍の収束が見えぬ中、「密」を避ける策としてのオンラインによるテレワークを、人間関係の煩わしさから回避できるので大歓迎だなどと満足しているようでは、なんとも物足りない。テレワークは、ビジネス形態としては一便法であり、コロナ禍収束後に一部は機能しても、ビジネス社会の主流たることはないと見るからである。

本来、ビジネス社会というものは、商談であれ社内の意思決定の会議であれ、大なり小なり、相手、仲間の本音、胸の内を知るハラの探り合いという側面を持つ。オープンにできない話も、多々ある。つまり、相手の表情、気配を読むということでビジネスは成り立つということでもあるが、オンラインではそれは読み切れない。商談、会議の中身が重ければ重いほど、直接対面で結論を得る必要性が、多々、生じてくるということである。

加えて、わが国の99・7%を占める中小・零細企業では、必ずしも大企業のように営業なら営業に専念できる環境にはない。営業の傍ら経理の手伝いもするといったケースも少なくないが、こうした場合、テレワークで片づけるということにはかなりの無理がある。

つまり、「コロナ後」のビジネス社会は、一部を除き、以前のように社員同士が直接向き合う中で、切磋琢磨し、会社としての機能、活力を取り戻さざるを得ないということである。

そこで上層部へいくほど、その必要性が求められ問われるのが、改めて人の輪の中への〝現場復帰〟を果たすことになる、上司の器量、力量ということになる。

企業を含めて多くの組織では、自分が入社なりをして1年も経てば、新人が入ってくるのが通例だ。その意味では、組織に身を置く以上、誰もが部下を持つ上司ということになる。そこで求められるのが人の輪に戻るための「上司の心得」ということになる。やがて来る「コロナ後」までには、これを磨き直す必要があるということでもある。

そうした「上司の心得」のエキスパートが、「人間学博士」と呼ばれ、全国津々浦々、政界内外に屈指の人脈をつくり上げた田中角栄元首相である。その政治能力の高さの一方で、「人心掌握術の天才」と言ってよかった。

また、一方で田中氏は「人を育てる名手」でもあった。田中派からは、竹下登、羽田孜《つとむ》、橋本龍太郎、小渕恵三の四人の首相を輩出し、麻生太郎元首相も派閥には入っていなかったが、陰に陽に田中氏の薫陶を受けている。さらに首相以外でも、政界の第一線で活躍した小沢一郎、金丸信、梶山静六、野中広務の各氏など、多くの人材を門下生として送り出している。いま「自民党のドン」として君臨する二階俊博幹事長も、まごう方なく門下生の一人である。これだけの人材を育て、送り出した政治家は、戦後、一人としていない。いかに、「人を育てる名手」であったかが知られるということである。

余談ながら、振り返ってみれば、筆者の「田中角栄」取材は、田中氏が幹事長時代の昭和44（1969）年12月から始まっている。平成5（1993）年12月、逝去するまで、じつに24年間を費したものであった。

この間、数百人は超えるだろう関係者を取材し、田中氏の人物像を拾ったものである。田中派時代の幹部、中堅、新人議員の7割方、他派を含めての与野党議員、官僚、政治部記者、田中事務所の秘書、全33市町村（当時）にまたがる選挙区旧〈新潟3区〉内に張り巡らされ、政治家個人の後援会として最強と言われた「越山会」の全会長以下幹部会員といった具合、新潟には都合100回以上足を運んだ記憶がある。

まァ、酔狂にと言う向きもありそうだが、幹事長就任以降の田中氏は何らかの形で常に政局の中心におり、政治レポートなどを書くにあたっても、田中氏取材は不可欠だったという事情もあった。また、踏み込んで取材をすればするほど、人物としての面白さは飛び抜けており、筆者にとってはさながら、信長、秀吉、家康といった歴史上の人物を研究する人たちの、のめり込み方に似ていたような気がする。青春の24年間をかけた「田中角栄」取材だったということである。

さて、小書では田中の言行の中から、4章に分けて、「上司の心得」のエキスを伝授させて頂くことにした。そのうえで、すべての項目を実例で示してみた。読者が、ケース・バイ・ケースで、身につきやすいように心懸けたということである。ある意味、混迷の社会と言っていい、いまこそ役立つ、「田中人生訓」でもある。

一方で、田中氏には毀誉褒貶《きよほうへん》、功罪相半ばする評価もあったが、読者諸賢は見習うべきところだけを見習い、部下から敬愛される「上司」を目指して頂きたいものと思っている。

なお、項目の一部は2年ほど前に「夕刊フジ」紙に連載したものも入っているが、これらについては大幅に加筆させて頂いた。また、本文中の敬称は謝して略させて頂き、参考文献は巻末に一覧明記させて頂いたものである。

令和3年　早春

小林吉弥

目次

第4章 「心理戦争」社会の勝者を目指す

装幀　石川直美（カメガイ デザイン オフィス）
写真　朝日新聞社
DTP　明昌堂

第1章

#「親分力」の磨き方

「いつか総理にしたいな」と池田大作・創価学会会長

「親分力」とは何だろう。

上司としての度量、器を指す言葉として、これ以上、的確な言葉はない。部下が曲がり角に立ち、切羽詰まっている。そんなとき、「心配するな。人生は照る日曇る日」「オレに任せろ。泥はかぶってやる。心配は無用」で、部下を窮地から脱出させてやる能力を指す。

加えれば、こうした行為に自らの利害損得勘定はなし、誠心誠意の姿勢が基本にある。こうした上司に支えられ、窮地を脱出できた部下は、長くその恩義を忘れないのである。逆に上司が窮地に立ったとき、からだを張ってでも支援の先頭に立ってくれるのは、こうした部下ということになる。

田中角栄が強大無比の人脈を構築し、長く絶大な権力を保持し得た背景は、まさにこの「親分力」によるところが大きかった。

例えば、「角栄流」のこうした泥のかぶり方の好例に、巨大宗教団体・創価学会が直面した「言論出版妨害事件」があった。

経緯はこうである。

創価学会が支持母体となる公明党は、それまで参院には進出していたが、昭和42（1967）年1月の総選挙で初めて衆院に候補者を立て、一挙に25人の当選者を出した。時の佐藤栄作政権下の自民党幹事長は福田赳夫（のちに首相）だったが、この時点、福田と創価学会および公明党との間に特に接点はなかった。

その2年後の総選挙では、自民党は福田に代わって田中角栄が3期目となる幹事長に返り咲き、選挙の指揮を執った。

結果、自民党は無所属当選者を追加公認してじつに300議席を超える大勝となり、一方で公明党も前回の倍近くの47人を当選させ、社会党に次ぐ野党勢力となった。自民党としては、これだけ勢力の大きくなった公明党とのパイプづくりは無視できないところに来たということでもあった。

そんな折、田中は当時の創価学会・池田大作会長（現・名誉会長）から、東京・信濃町の創価学会本部に招かれ、初めて会談の機会を得た。時に、田中はすでに近い将来、必ずや天下取りに動くだろうとの見方があった中で、党内外からはその勢いから「日の出の幹事長」との声が出ていた。

言うならば、会談はそんな田中と野党第2党に進出した公明党にニラミを利かせる池田会長の、今後の政局をにらんだハラの探り合いの意味合いがあった。

このとき田中に同道したのは、秘書の早坂茂三（のちに政治評論家）だったが、その早坂は、田中が帰りの車の中で池田会長の印象を次のように語ったと筆者に明かしてくれたものだった。

「あれはしなやかな鋼《はがね》だ」

これは田中特有の言い回しで、大宗教組織をまとめ上げ、牽引する人物として、なるほど一筋縄ではいかぬ相当の「政治家」でもあることを見たということだった。

そうした中で、田中と公明党との間で持ちつ持たれつの関係が生じたのが、田中が5期目の幹事長時、昭和45（1970）年の「言論出版妨害事件」ということになる。

これは、その前年にジャーナリストの藤原弘達が、「創価学会を斬る」と題した本を出版しようとしたことに端を発した。藤原は公明党とその支持母体である創価学会との関係が、「政教分離」の原則にもとるなどとし、文字通り創価学会を〝斬った〟のだった。これに学会・公明党が反発、出版中止への圧力をかけたとされたものだった。

ここで、公明党側の窓口として、藤原へ出版待ったの説得にかかったのが、衆院議員1回生にして同党委員長に就任していた竹入義勝だった。

じつは、この問題が表面化する2年ほど前、田中と竹入は二人だけで会う機会があった。時に、田中の女性問題や国有地払い下げに関する疑念を、公明党が参院で追及する動きがあった。田中は自民党政調会長を辞した直後で、すでに党内では〝ヤリ手〟として知られていた。その田中は竹入に、こう言って深々と頭を下げたといわれている。

「できれば取り上げないで頂けないものか」

竹入は田中が有能で将来性に富んだ人物とにらみ、公明党の参院議員を説得、質問に待ったを願い出たのだった。結果的に、これらの内容の質問は中止された。ちなみに、これを契機に、田中と竹入の仲は「おれ」「おまえさん」で呼び合う肝胆相照らす間柄となっている。振り返れば、やがて田中が首相となり、月刊誌「文藝春秋」で金脈・女性問題への疑念が明らかにされたが、この兆《きざし》はすでにその10年以上前に公明党内部の動きに見られたということである。

「ワシがおせっかいをやいたことにしておけ」

さて、竹入が藤原に出版中止要請をしたものの、藤原は頑としてノーであった。こうした中で、万策尽きた竹入が、「仲裁」を頼んだのが田中幹事長ということだった。

田中は竹入に〝あのとき〟の恩を返さんとばかり、たびたび藤原に接触するなど汗をかいたが、しかしこれは裏目に出た。こんどは藤原が、「田中幹事長から圧力があった」と口にしたものだから、公明党はさらに窮地に立たされることになったのだった。

メディアもまた、騒ぎ立てた。

「なんとかなりませんか」と泣きつく竹入や公明党幹部を前に、田中は言ったのだった。

「しゃあないな。それなら、ワシが勝手におせっかいをやいたことにしておけばいい」

裏で田中が藤原とどう折り合いをつけたかは〝藪《やぶ》の中〟だったが、「田中がおせっかいをやいた」ということで、結局、この一件はウヤムヤになってしまった。公明党も創価学会も、これでからくも窮地を脱することができたということだった。

後日、池田会長は竹入や公明党幹部を前に、こう言ったとされている。

「田中さんへの恩義は、決して忘れてはいけない。いつか総理にしたいな。おもしろい政治をやるかも知れない」

こうした「言論出版妨害事件」の〝解決〟から約2年後の昭和47（1972）年7月、その田中が首相の座に就いた。「決断と実行」の政治をスローガンにしていただけに、政権を取ると一気に「日中国交正常化」へ向けて動いた。その裏で、〝先遣隊〟として一足先に訪中、中国側の考え、主張をいわゆる「竹入メモ」としてまとめ、田中に提示していたのが時の公明党委員長・竹入義勝だった。田中はそのメモから国交正常化交渉への戦略を練り上げ、ついには正常化を成し遂げたということだった。

その後、やがて自民党と公明党は連立政権を組み、令和元（2019）年10月で、この連立はじつに20年の長きを迎えるに至っている。

田中のあのときの「親分力」としての泥のかぶり方あってこそ、いま「自公」連立政権として、とにもかくにも政治の安定を支えていると言って過言ではない。仮に、田中角栄と池田大作の出会いとアウンの呼吸がなかったら、この国の政治も大きく変容したものになっていた可能性がある。

郵政官僚が脱帽した東京タワー建設秘話

上司として積み重ねた経験、そこから生み出された知恵の蓄積を部下に伝授できないようでは、部下から敬意、信頼を得ることは難しいと知りたい。これでは、「親分力」とは対極にいる上司ということになる。

田中角栄がこうした〝凄《すご》い上司〟を見せつけ、部下を心服させた好例は、東京タワー（東京都港区芝公園内）の建設秘話に見ることができる。

田中は昭和32（１９５７）年７月、戦後初の30代の郵政大臣として初入閣を果たした。それまで戦後復興のための道路、住宅などインフラ整備の議員立法を立て続けに成立させ、その政治的能力の高さを示してきた田中だったが、「郵政」には縁がなかった。ために、郵政省の役人たちは、当初、「シロウト大臣」としてナメてかかったのだった。ところが、田中が大臣に就任して間もなく、郵政官僚たちはその博学ぶりと知恵、豪腕ぶりに脱帽せざるを得なくなるのである。

大臣就任から数日後、田中は郵政省の局長、課長ら数人と郵政省ビルの屋上に出てみた。目の前に、建設中と思っていたテレビ塔が、なんとサビ付いた鉄骨姿を見せているではないか。田中が怪訝《けげん》な表情を浮かべていると、傍らの文書課長がこう言った。

「じつは、あのテレビ塔は建築基準法違反で工事が止まっているのです」

これを耳にした田中は、間髪をいれずにこう答えたのだった。

「基準法か。よしっ、ワシが処理する。心配はいらん」

当時、建築基準法による一般建物の高さ制限が地上31メートルだったのに対し、テレビ塔は地上120メートルに展望台があったことで一般建物と見なされ、違反として建築許可がストップしてしまっていたのだった。傍らの郵政官僚たちは、田中が何を考えているのか、もとより知るよしもなかった。これまで郵政省としてはお手上げ状態だっただけに、田中は「心配はいらん」と言うが、そばにいる官僚たちはいずれも疑心暗鬼の面持ちだったのである。

ちなみに、東京タワーの建設構想は、高度経済成長期の昭和30年代初頭に生まれた。折から、日本はテレビ時代を迎え、テレビ局の電波塔が乱立するのではないかという難問が浮上していた。そうした中で、時の郵政省電波監理局長だった浜田成徳が推し進めた、塔は各局が団結して関東一円をサービスエリアとするという総合電波塔構想が固まったことに端を発している。

合わせて、当時、世界一の高さを誇ったパリのエッフェル塔（当時３１２メートル／現在３２４メートル）より高い塔を目指すとし、当初、３８０メートル設計とした。しかし、鮮明な画像を送るためにはアンテナの揺れを最小限とする必要があり、建設を請け負った竹中工務店らが技術的検討をした結果、塔本体２５３メートル、その上のアンテナ80メートルを加えての今日の３３３メートルとなったものだった。

さて、「よしっ、ワシが処理する」と豪語した田中だったが、それから間もなく当時の建設省事務次官・石破二朗（石破茂・自民党元幹事長の父）を呼び出すと、こう談判したのだった。

「君、建築基準法をつくったのはこのワシだ。テレビ塔は広告塔であって、一般の建物ではないぞ。高さ制限の対象にはならんだろう」

建築基準法は、かって田中が立案に参加、昭和25（1950）年5月、議員立法として制定されたものだった。結果、田中にとってはすでに自家薬籠中の官庁だった建設省の石破次官に展望台を広告塔と解釈させることで、建設の再開を認めさせることができたのだった。

その東京タワーは、結局、昭和33（1958）年12月23日、当時の皇太子殿下（現上皇陛下・平成の天皇陛下）と同じ誕生日に営業を開始することができた。

ちなみに、塔の名称は公募され、「昭和塔」が一番多かったが、時の名称審査委員長だったかつての活弁士で、文化人として活躍していた徳川夢声の〝鶴の一声〟「平凡こそ最高なり」で、東京タワーと命名されたものだった。平成30（2018）年、営業開始から60周年を迎えた東京タワーは、同年1年間だけでじつに220万人の国内外の観光客を集めるに至っている。

「親分力」連発の若き郵政大臣

さて、東京タワー建設の実現で田中の力量に脱帽した郵政官僚たちだったが、その後、田中が立て続けに郵政省が抱える難問を解決してみせたことで、改めてド胆を抜かれることになるのだった。ウナったのは、「親分力」の連発であった。

当時、郵政省が抱える難問には、ＮＨＫと日本テレビの開局以来、テレビ時代の到来近しで大量のテレビ放送の予備免許申請があり、これをどうさばくかが一つ。二つに、それまで政府と長くギクシャクが続いていた郵政省の全逓信労働組合（「全逓」）と、どう足並を揃え折り合っていくかがあった。

これまた、郵政官僚たちが生易しいものではないとみていたこの二つの難問を、田中はのみ込みの早さ、決断力と実行力で、あれよあれよと解決したのだった。

前者の予備免許申請は、その数86社１５３局に達していた。申請の多くは全国各地の新聞社が主体、一方でバックにはその地出身の国会議員、有力経済人なども絡んでいることから、どこを採りどこを切るかの判断は至難のワザであった。田中以前の郵政大臣は、ひたすら決定を先延ばしにすることで、お茶を濁してきたのである。

これに対して、まず田中は「大臣決定」で電波監理審議会に諮問、あっという間に予備免許先43局を決めてしまったのだった。じつに申請の4分の3弱を切り捨てねばならず、この作業はとてつもない政治力、リーダーシップを要求されることだった。なるほど、歴代郵政大臣が〝逃げ腰〟だったのも無理からぬことである。

また、「全逓」問題は、春闘での公労法および国家公務員法での違反者を果敢に大量処分してみせた一方、裏で「全逓」幹部への巧みな根回しを駆使、政府と「全逓」の関係を正常化に向かわせたということだった。

東京タワー建設、そしてこの二つの難問解決に郵政官僚の田中への信頼はいやがうえにも高まった。やがて、郵政省もまた建設省同様、「田中官庁」の色合いを強くしていったのだった。恐るべし、田中の「親分力」ということであった。

後藤田正晴いわく、「田中さんは〝部下に花を持たせる達人〟だった」

「私も官僚時代、田中さんに予算獲得の陳情を何回かしたことがある。とにかく、のみ込みが早いのには驚いた。一を言えば、すぐ十を理解する。また、『分かった』と言ったことは100％実行してくれた。それも極めて事務的に処理、押しつけがましいことは微塵《みじん》もなかった。ここが、凄いところだ。決定したあとも、『あの件は君の言うとおりになった』と、決まって電話をくれたものだった。やりっ放しではない。

そのうえで、その陳情成果をあとは知らん顔、自分の力であることを見せつけることが一切なかったのも、他の議員とは一味違っていた。まぁ君の熱意にちょっと手助けしただけだといった感じで、じつにサラリとしていた。成果を得た官僚は、上司にも顔が立つ。要するに、田中さん、〝部下に花を持たせる達人〟だったということだ。

こんな感じだから、陣笠代議士としてまだ自民党内での序列が低かった頃でも、先輩の政治家、官僚にはなかなか気に入られていた。このあたりが、田中さんがやがて官僚社会を席巻したと言われるようになる〝原点〟だ」

のちに田中角栄の「懐刀《ふところがたな》」と言われるようになった後藤田正晴・元官房長官に、筆者がインタビューをしたときの弁である。

後藤田は、警察庁長官時代に「カミソリ」の異名を取ったほどのキレ者だった。田中に乞われて政界入り、やがて実務能力の高さや高潔ぶりから、たびたび自民党内の一部から首相候補に推された人物でもあった。

しかし、そのたびに後藤田のセリフは決まっており、「人にはおのずと分際《ぶんざい》というものがある。〝床の間〟にすわって似合う者もおれば、似合わない者もいる。私は後者だ」とし、固辞し続けたものであった。

その後藤田と田中の初めての出会いは、昭和27（1952）年の暮れであった。後藤田は田中より4歳上の38歳、当時、国警本部（警察庁の前身）警備部警ら交通課長であった。田中は衆院当選3回ながら、すでに予算委員会のメンバーに定着、鼻下に髭《ひげ》をたくわえて「チョビひげ野郎」との異名もあったくらいで、口八丁手八丁の〝ヤリ手〟として知られていた。後藤田は冒頭の言葉に加え、次のようにも言ったものだった。

陳情成果などは、一切、吹聴《ふいちょう》せず

「初めての田中さんとの出会いは、私の内務省の先輩で代議士だった町村金五（のちに北海道知事。故町村信孝・元外相の父）さんから、『戦後タイプのメリハリのきいた代議士で、将来性がある』として田中さんのことを耳にしており、それではということで予算陳情に頼ってみたときのことだった。

時に、私は〝第2機動隊構想〟という腹案を持っていた。これには人件費などの増大が必至で、実現には次年度の予算で警察予算の増額が不可欠だった。このとき私の話を聞いていた田中さんは、一発で『分かった』と言ってくれ、結果的に予算はしっかり付けてくれた。しかも、予算をオレが付けてやったなどとは、一切、吹聴しなかった。若いけれど、なかなかの人物だと思った。政治家と官僚は、時として上司と部下の関係になることが少なくない。つまり、手柄は部下に譲り、部下に花を持たせてやるというのが上司としての〝角栄流〟だった。そうした面でも、人心掌握術の達人と言えた」

この〝部下に花を持たせる〟という「角栄流」は、災害時でも同様だった。

田中には、一方で「災害に強い男」との異名もあった。大災害が起こると、ナミの政治家がやりたがる、まずは対策本部の設置、そして会議の連発といったような手順よりも先に、まず被災者に向けて復旧・復興への素早い道筋を提示するのが常であった。時に、長靴をはいて被災地に入り、被災者を安心させるため、なんと当時の大蔵省主計局長だった相沢英之（のちに、事務次官。女優・司葉子の夫）を同行させたこともあった。復旧・復興への予算付けを握る主計局長が同行となれば、悲嘆にくれる被災者には何よりも心強いだろうということからの、〝配慮〟だったのである。

そうしたうえで、こうした災害の場においても、田中は「親分力」としてなお〝部下に花を持たせる〟のである。

部下である建設省役人に対する、こんな好例もあった。

昭和42（1967）年の8月26日から29日にかけ、山形県南西部から新潟県北部は激しい集中豪雨に見舞われた。両県での死者は100人を超え、家屋の全半壊、床上床下浸水合わせて8万5000戸近くに及んだ大災害で、「羽越豪雨（水害）」と呼ばれた。

時に、田中は佐藤栄作政権の自民党幹事長を辞任したあとだったが、その政治手腕ぶりから、すでにこの頃には「ポスト佐藤」の有力候補の位置付けになっていた。

このとき、田中はとくに役職に就いていなかったため、災害対応への全面的な陣頭指揮は執れなかったが、知恵を次々と繰り出した。この水害による甚大な被害は、堤防が各地で決壊したことが大きかったのだが、田中は被害の多くをもたらした二級河川を一級河川へ昇格させることに腕力を発揮したのだった。

「河川法」によれば、二級以下の河川は都道府県の管理、管轄であり、一級河川は国（当時は建設省、現在は国土交通省）のそれとなる。すなわち、田中はその認可権を持つ建設省に根回しし、二級河川を一級河川に昇格させることで、国の予算を潤沢に取っての大規模な治水工事を可能とさせたのだった。これにより、被災者を含めた堤防の周辺住民に安堵《あんど》を与えたことは、言うまでもなかった。

田中がさらに「親分力」を見せつけたのは、その後である。このあたりが「角栄流」の真髄である。田中は自らの発想で建設省を動かし、山形県と新潟県の住民に感謝されたのだが、これを自らの発想とせず、建設省役人の発想、手柄としたのが白眉だったのだ。こうして田中が建設省に〝花を持たせた〟ことで、両県は建設省に感謝、建設官僚にはまた公僕としての達成感、充足感が残り、以後、一層、仕事に精が出るということだった。まさに、彼らからすれば「田中親分」ということだったのである。

かって田中の地元・新潟で強大無比を誇った田中の後援会「越山会」の最高幹部にして田中の「国家老」ともいわれた本間幸一秘書は、次のように言っていた。

「政治家というのは、自分が橋を架けた、堤防を直したなど選挙区で吹聴したがるのが常だが、田中は陣笠代議士の頃からそれが一切なかった。すべて、役所などの司、司の手柄にしてやっていた。だから、いざ選挙となると、そうした人たちが、こぞってまとまり、田中の支援に回った。これが、田中が選挙で圧倒的に強かった側面ということにもなる」

こうした田中同様の、手柄は部下にとする〝部下に花を持たせる〟ことで中堅、若手議員らの信頼を高めていった一人に、田中派幹部時代の竹下登（元首相）がいた。

しかし、田中、竹下の二人は、終生ソリが合わなかったものだ。

竹下は若いときから自己宣伝一切なし、〝汗は自分で、手柄は人に〟のモットーを、徹底的に実践してきた人物であった。自らは辛抱、我慢を信条とし、ために「政界のおしん」の異名があったことは知られている。田中も周囲には気配り抜群の人だっただけに、「優秀な竹下を、〝近親憎悪〟として嫌ったのだ」との見方もあったのである。

結局、田中が病魔に倒れ、再起不能となったあと、竹下は田中派の大勢をまとめ上げる形で竹下派を結成、ついに天下を取ってみせている。竹下の戴冠も、突き詰めれば徹底して〝部下に花を持たせる〟ことをいとわなかったという、「親分力」がさせたものと言ってよかった。

古来、「能ある鷹《たか》は爪を隠す」とされている。どんなに地位が高くても、鼻の穴をふくらませ、ソックリ返っているトクイ顔の上司に付いていく若い部下などは、今日び一人としていないと知るべし。

「ひけらかさない」器量こそ〝男の粋《いき》〟。人が集まる

周囲になるほどと得心させる「親分力」も、オレがやってやったと吹聴するようでは帳消しになる。前項のように「ひけらかさない」のが男の粋、真のダンディズムと知りたい。ここでは、カネにまつわる田中角栄のそうしたダンディズムの二例を挙げてみたい。人の集まるゆえんが、よく分かるのである。

田中には「金権」の〝代名詞〟が付いて回ったが、これは一面ではあったが全面とは言い難かった。なぜなら、長く田中の秘書を務めた早坂茂三から筆者が聞いた選挙資金援助などでの「田中とカネ」についての話は、その後の多くの取材現場でも、実際に早坂秘書同様の証言を得たものだからである。早坂は、こう言っていた。

「秘書となってすぐ、オヤジさん（田中）から『これだけは絶対に守れ』と言われた

ことがあった。『カネを相手に渡す場合、くれてやるという姿勢は間違っても見せるな。カネは、じつは受け取る側が一番つらい、切ないのだ。そうした相手のメンツを重んじてやれなくて、どうする。むしろ、こちらが土下座するくらいの気持ちで、もらって頂くということだ。こうしたカネなら、初めて生きたカネになる』と。

だから、あとからこんな声が届くことが多い。『角さんからのカネは、心の負担にならないからいいんだ』と。もとより、カネを渡したと口外することも一切ない。これで、助かったほうは人に知られて恥ずかしい思いをすることはない。常に、相手の気持ちを忖度《そんたく》する。『人間学博士』と言われたオヤジさんの真髄だな」

こうしたまずの一例は、長らく中選挙区制時代の〈新潟3区〉でシノギを削った、元社会党副委員長・三宅正一についてのそれがある。

若き日の三宅は、小作人の地主からの解放を目指した、戦後の農地改革の主役を務めた「日農」（日本農民組合）を指導した人物である。そのうえで、〈新潟3区〉から社会党代議士となった。一方の田中も、保守系の民主党から代議士となり、新潟の豪雪苦、開発の遅れからの脱却に熱い血をたぎらせていた。

やがて、両人は所属政党、立場は違うが、同じ郷土の「戦友」「同志」としてどこか心を許し合い、互いに畏敬の念を持つようになっていったのだった。

その三宅は、後年、衆院副議長までのぼり詰めたが、昭和55(1980)年6月の衆参ダブル選挙で落選した。この失意の三宅に、田中が動いたのである。田中の後援会「越山会」古参幹部の、次のような証言がある。

「三宅さんが落選した直後から、じつは田中はポケットマネーから、月々20万円を送り続けていたんだ。議員年金はあるが、家の子郎党もいるし、それだけでは厳しいだろうと、生活の心配までしていたということだった。田中らしいのは、その〝渡し方〟だった。三宅に近い人が受け取るようにしていたが、田中はその人にこうクギを刺していたと聞いている。『ワシから出ていることは、絶対に本人に言ってはならん』と。田中は恬淡《てんたん》として、それをやり続けていたのです」

その三宅は、昭和57(1982)年5月、逝去したが、本人はついぞそうした事実は知らなかったとされている。

しかし、この手の話はいずれどこかで漏れるものである。案の定、やがて社会党支持者の間にも知られるところとなった。

三宅の死後から間もなく、田中はロッキード裁判一審で有罪判決（懲役4年・追徴金5億円）を受け、昭和58（1983）年12月、さかのぼること7年前のロッキード事件逮捕直後の総選挙に優《まさ》るとも劣らぬ、苦しい選挙に立ち向かうことになった。しかし、田中はこの大苦境の選挙で、なんと22万票という前代未聞の〝お化け票〟を獲得し、改めて底力を見せつけたのだった。選挙結果が出た直後、前出「越山会」古参幹部は、次のように言っていた。

「この頃には、三宅さんへの田中の〝援助〟話が漏れ、社会党支持者の言の葉にものぼるようになっていた。『田中は凄い男だ。参った』となった。一方で、田中の地元に対する〝弱者救済〟の政治的目線が、社会党のそれと大きく変わらないことはすでに知られており、結果、田中に社会党支持票が、相当、流れたということだった」

情けは人のためならず。「報恩」が、ロッキード事件で苦境の田中を救ったということでもある。

「下、三日にして上を知る」

もう一例は、田中が自民党幹事長の頃の話である。この話は、筆者はのちに首相となる羽田孜から、竹下登内閣の農水大臣を辞めた直後に聞いている。「羽田さんは、なぜ田中（角栄）さんに惹《ひ》かれたのか」の問いに、おおむね次のように答えてくれたのである。

時に、羽田は長野県選出のまだ陣笠代議士であった。折から、参院選があり、長野県出身の青木一男という自民党議員が当時の全国区での再選を目指していた。ところが、この青木、曲がったことが大嫌いの一徹者、高潔の士ゆえ、選挙資金もろくに集め得ず、汲々とした戦いを強いられていたのだった。同郷のよしみもあり、見かねた羽田が心配し、田中に支援のための電話を入れたのだった。しかし、マズイことが一つあった。青木は石井（光次郎）派に所属、その石井は田中とはソリが合わなかったからである。羽田は、田中にこう切り出した。

「青木の選挙資金はまったく底をつき、運動にもかげりが出ています。なんとか〝支援〟をお願いできませんか。ただし、やがて田中先生が総裁選に出られても、石井派だから支持してくれるかどうかは分かりませんが」

するると、電話口から、田中のカミナリが落ちたのだった。

「バカ者ッ。青木の真面目さは、自民党の宝じゃないか。青木は落とせん。メシ代もないようじゃしょうがない。党としては（公認候補者に）やるべきことはやっているが、足りないのならすぐおまえが取りに来い」

羽田が田中のもとに駆けつけると、田中は２００万円ほどが入った封筒を渡して言ったのだった。

「とにかく、一刻も早くこれを青木に届けてやれ。ただし、あの青木のことだから、ワシからのカネと言ったら頭を抱えてしまうかも知れん。それは、一切、言ってはならん。おまえが、自分でつくったカネだと言っておけ」

羽田はこのときの田中とのやりとりを契機に、それまで以上に田中に傾倒、やがて田中側近を自任するようになった。そして、「田中評」をこう結んだのだった。

「田中さんは、人が困っているときは派閥がどうだなどは、一切、関係なし、助けに出ていた。頼まれ事をされると、ノーと言えないのだ。そのうえで、誰それに何をやってやったかは、口が腐っても言わない。私はひけらかすことが一切ない、『親分力』に参ったのだ」

田中は若い政治家が目の前で生半可なことを披瀝《ひれき》すると、決まってこう言った。

「一丁前な口を利くなッ」

中途半端な知識、経験の〝ひけらかし〟は、むしろ人の反発を買うぞと教えたのであった。

ためか、田中はとくに若き日の橋本龍太郎（のちに首相）と小沢一郎（現・立憲民主党）の二人をとりわけ有望株として見ていたが、知識の量と頭脳回転は抜群で目立つ橋本より、万事に寡黙で人の見ていないところで汗を流す小沢をより買っていた。

「人間学博士」とも言われた田中のなかでは、人を観《み》る目の中で「ひけらかさない」小沢に、より〝男の粋〟を看《み》て取ったということでもあった。

「下、三日にして上を知る」という言葉がある。上司は多くの部下の一人一人をなかなか見定められないが、個々の部下は三日もあれば上司の器量をすべて見抜いてしまうものだという謂《いい》である。部下にカンタンに器量を見抜かれているような上司では、それ以上のポストは遥かに遠いと思いたい。

大物の成功者には、共通項がある。「大胆の一方で、細心にして臆病」

怖いものなし、権力の頂上を目指してバク進していた田中角栄が、こうウナったことがある。

「ワシの寝首をかくヤツがいるとしたら、それは梶山（静六）をおいてない。ワシが発掘した男だけのことはある」

その梶山静六は、陸軍航空士官学校を出、戦後29歳で茨城県議会議員に初当選、40歳の若さで与野党の利害が衝突する県議会議長のポストをこなしていた人物である。その梶山に目をつけ、国政に引っ張り出したのが田中であった。時に、田中は自民党幹事長で、近い将来の天下取りを期し、有能な手兵を物色していたさなかであった。

ちなみに、昨年（2020年）9月、安倍晋三首相の退陣を受けて後継首相となった菅義偉が、「政治の師」としたのがこの梶山静六である。また、菅内閣でも経済産業大臣として留任した梶山弘志はその子息にあたる。

さて、田中はその後、首相の座に就くと、この梶山とやはり有能な手兵として目をつけていた警察庁長官を退官したばかりでノーバッジの後藤田正晴の二人を、首相への登龍門とされる官房副長官のポストに就けた。

梶山は官房副長官になるや、ただちに田中の期待に応えてみせた。当時は、まだ自民、社会両党がしばしば激突する「55年体制」下で、政府・自民党としては、法案を通すための社会党対策が最大の難問だった。その難事を、官房副長官として田中のオーケーなど取らず、次々とさばいていったのが梶山であった。

冒頭の田中の「ワシの寝首……」の言葉は、こうした梶山の手腕をにらみながらのそれだったのである。ちなみに、一方の後藤田は、梶山の野党対策に対し、各省庁の官僚ににらみを利かせ、政策のスムースな遂行という役割をまっとうしたのだった。

さて、こうした梶山は、その後、国政にたずさわるや、なるほど田中の炯眼《けいがん》通りの成長を見せた。のちに、自民党幹事長、官房長官、法務大臣、通産大臣、自治大臣兼国家公安委員長など、数々の重要ポストを歴任することになる。

その梶山の政治手法の根幹を成したのは、事にあたる前の練りに練り上げた「戦略」にあった。社会党を中心とする野党対策一つ取っても、単なる手練手管ではなかった。梶山と親しかった政治部記者の、こんな証言が残っているのである。

「梶山の手法は、いかにも陸軍航空士官学校出らしく、大胆と細心が常に背中合わせというのが特色だった。一方で、梶山には『工程表』との異名もあった。すなわち、事に取りかかるときはまず何通りもの戦術を描き出し、その中からそのときの状況に当てはめて行動を起こしていた。夜、布団に入っているときでも、枕元には鉛筆とメモ用紙が置かれ、アイデアが浮かぶとすぐ走り書きをするのを常としていた。大胆と細心が巧みに綾《あや》なした、有数の〝戦略政治家〟と言ってよかった」

田中角栄もまた、夜中の2時頃にはいったん目を覚まし、枕元に置いてある役所の資料などに目を通し、一方で赤鉛筆を手に「国会便覧」のページをめくっては各議員に思いを致し、政権運営への支障なきをチェックしていたものだ。ここでは、田中も梶山も、一方で、人一倍の努力家であることも浮かび上がる。

金丸信いわく「大乱世の（出番は）梶山静六」

さて、その梶山は、田中が病魔に倒れ、やがて竹下登が天下取りに本腰を入れ始めると、竹下の信任を得て次々に田中派議員に接触、竹下が立ち上げることになる派閥「経世会」参加への多数派工作の先頭に立った。この梶山をして、「武闘派」との異名を取ったのはこの頃だった。

その竹下がやがて政権を取ったあと、竹下が派内で金丸信（のちに副総裁）と組む小沢一郎と主導権争いを演じて派の内部分裂が鮮明になると、梶山はあの怖いものなしだった小沢に対して、ピシャリ「君はやり過ぎだ。謹慎だな」と、堂々、言い放ってみせたのだった。

こうした「武闘派」梶山を見ながら、金丸信は竹下政権後の政治状況によってのトップリーダーの出番を、こう見立て、言ったのであった。

「平時の羽田（孜）、乱世の小沢（一郎）、大乱世の梶山だ」

一方で、その梶山は、単なる「武闘派」ではなかった。

陸軍航空士官学校で戦火の恐ろしさを知る梶山は、例えば憲法に抵触するような問題には常に慎重だった。梶山は橋本（龍太郎）内閣で官房長官のポストにあったが、このとき問題になったのが、折から中国の軍事演習拡大で台湾海峡が緊迫したことからの、自民党内の「集団的自衛権」検討であった。これに、梶山は極めて消極的な姿勢を示したのだった。

その後、筆者は梶山をインタビューする機会があったが、こう言っていたのが印象的であった。

「私の政治姿勢は、自らが体験した戦争の苦しみを、二度と味わってはならないということに尽きる。集団的自衛権の問題でも、多少の犠牲はやむを得ないというのは、やはり私には受け入れられるものではない。また、私のことを『武闘派』と言う人もいるが、半分は当たっていない。時に、大胆な決断はやるが、それまでに細心の計画を立てている。要は、私は臆病なのだ。臆病だからこそ、何事にも細心で臨んでいるということだ」

政界のみならず、あらゆる社会でも、いわゆる大物、成功者と言われる人物は、一見、大胆、豪放に見られやすいが、単なる〝荒削り〟の人物は皆無に近いのである。むしろ、事にあたるに際して、梶山のように細心、臆病的に臨んでいる場合が多い。大物、成功者たちの共通項と言っても、決して過言ではないのである。〝大胆な上司〟は、一見カッコはいいが、じつはいささか危なっかしい。真の「親分力」発揮には、細心、時に臆病さえもが伴うものだと知っておきたい。

郵便はがき

1510051

お手数ですが、
切手を
おはりください。

東京都渋谷区千駄ヶ谷4-9-7

（株）幻冬舎

書籍編集部宛

ご住所　〒

都・道
府・県

お名前　フリガナ

メール

インターネットでも回答を受け付けております
https://www.gentosha.co.jp/e/

裏面のご感想を広告等、書籍のPRに使わせていただく場合がございます。

幻冬舎より、著者に関する新しいお知らせ・小社および関連会社、広告主からのご案内を送付することがあります。不要の場合は右の欄にレ印をご記入ください。

不要 □

本書をお買い上げいただき、誠にありがとうございました。
質問にお答えいただけたら幸いです。

◎ご購入いただいた本のタイトルをご記入ください。

『　　　　　　　　　　　　　　　　　　　　　　　　　　』

★著者へのメッセージ、または本書のご感想をお書きください。

●本書をお求めになった動機は？
①著者が好きだから　②タイトルにひかれて　③テーマにひかれて
④カバーにひかれて　⑤帯のコピーにひかれて　⑥新聞で見て
⑦インターネットで知って　⑧売れてるから／話題だから
⑨役に立ちそうだから

生年月日	西暦　　年　　月　　日（　　歳）男・女			
ご職業	①学生	②教員・研究職	③公務員	④農林漁業
	⑤専門・技術職	⑥自由業	⑦自営業	⑧会社役員
	⑨会社員	⑩専業主夫・主婦	⑪パート・アルバイト	
	⑫無職	⑬その他（　　　　　　　　　　）		

ご記入いただきました個人情報については、許可なく他の目的で使用することはありません。ご協力ありがとうございました。

上司の致命傷は、「指示のブレと前言撤回」の二つ

ビジネスマンに対する「最も嫌いな上司」アンケートで、常に〝上位〟にくる回答は、「責任を取らない」だが、その一方で、「指示がコロコロ変わり、前言撤回が多い」という回答もよく見られる。責任を取らないのは論外だが、指示のブレ、前言撤回も上司としての求心力を大きく失わせる結果となるから要注意だ。

その意味では、指示のブレも含め、物事の曖昧《あいまい》さを最も嫌ったのが田中角栄であった。田中自身が、こう言っている。

「私は陳情あるいは他の頼まれ事でも、即断でイエス、ノーを出す。保留の類いは、まずない。頼んでくるほうは、結論を急いでいる。引き受けてくれるのかくれないのか、うまいことを言って中途半端、曖昧にするのが一番いけない。自信がなければ

ハッキリできない、ノーと言うべきだ。ノーと言うのは、たしかに勇気がいる。しかし、長い目で見れば、信用されることが多い。ノーで、むしろ信頼度が高まる場合もあるということだ」

そのうえで、部下へ一度与えた指示のブレ、前言撤回がなかったということになる。

例えば、最盛期の田中派は、じつに衆参両院議員141人を擁していた。多士済々《たしせいせい》で、一家言の持ち主も少なくなく、会議となれば議論百出でヘタをすれば小田原評定になりかねない状態だった。また、領袖の田中がそれらの意見を頭から封殺してしまえば、こんどは当然シコリも残る。どう対処したのか。田中は、自らの〝塩漬け決断法〟なるものを、次のように明かしている。

「大体、会議も時間通り、ピシャッと片づけられないようなリーダーじゃ情けない。田中派の会議なら、最後はぼくが1票を入れて決める。リーダーに、そのくらいの見識がなくてどうするか、だ。そのうえで、ぼくの1票で決めたんだから、最終結論は1週間ほど〝塩漬け〟にしておく。その間、異論がなかったら決定となる。異論があればもちろん耳を貸すが、その決定が変わることは100%ない。部下を迷わせることはしないということだ」

しかし、この言葉には裏がある。ただドカンと、会議に「これでいく」との1票を投げ込んだわけではないということが肝要だ。

田中の場合、会議の前に、あらかじめ幹部の意向あるいは派内の大勢がどうなっているのかの情報を入手し、それを緻密に分析しているのである。ために、田中派は他派とは異なり、リーダーの〝軍扇〟一振りで、一糸乱れずの最強「田中軍団」が成立したということだった。「せっかちの角さん」と言われた裏には、常にそうした細心さが付いて回っていたということである。

田中に酷似、「西武」堤義明の経営姿勢

一方、かって田中がかわいがっていたある経営者がいた。鉄道、ホテルなどを経営する「西武グループ」総帥として君臨した堤義明である。堤は、若い頃から田中の薫

陶、影響を強く受けていた。雑誌「財界」記者時代から堤と親交があり、後年は経営評論家として活躍をした故針木康雄が、筆者にこう話してくれたことがあった。

「堤と事業の話をすると、決して『イエス、バット……』とは言わなかった。常に『ノー、バット』、すなわち『いや、それは違う』と迫ってくる。なぜ、ノー、バットから入るのかを問うたことがあるが、彼はこう言っていた。『商売相手に調子のいいことを言っておいて、あとで部下に断わらせるような決断の仕方は嫌いなのだ。ダメなものはダメと、最初にハッキリ言ったほうが相手もよく分かってくれるし、後々の商売もうまくいくケースが多い』と。なるほど、そのうえで、前言訂正、撤回の類いも一切なかったというのが特徴であった。こうした背景には、父・堤康次郎からの〝帝王学〟によるものも大きかったと思われる。

堤は、こうも言ったことがあった。『親父から、ごまかし、曖昧、うそは、一度は通じても、二度、三度は通じないと子供の頃から言われていた。親父は部下に対しても、同じだった。仮に、相手をダマす気がなくても、結果的にダマされたと思わせるようなあ曖昧な態度だけは、断じて取ってはならないと親父に教えられたことが、私の経営姿勢の根幹を成している』と」

堤康次郎は西武グループの創業者で、のちに政界入りし、衆院議長も務めた。「剛腕」経営者として、東急グループの創業者・五島慶太と私鉄業界の雌雄を争う存在だった。

4000年の歴史を誇る中国の経験と知恵は、「応待辞令」という言葉を生んでいる。「応待」とは、出てくる問題、課題に果敢に即応、迅速に処理していくことを指している。こうした中では、指示のブレ、前言撤回といったことは、なかなか入り込む余地がないのである。また、「辞令」は、本来は今日使われているような人事異動の際などに使われる言葉ではなく、「応待」の際の言葉の操《あやつ》り方を指している。

この「応待辞令」の出来いかんをもって、中国では人物の器量が判断されてきている。せめて、指示のブレと前言撤回だけは避けたいものだ。ジワジワと上司としての致命傷になってくる可能性を秘めている。

決断に失敗しても、逆風をかわせる「公六分・私四分の精神」

リーダー、上司としてギリギリの決断をしなければならないときの判断材料で、極めて〝有効〟なのは「公六分・私四分の精神」としたのが田中角栄であった。一見、強引、唯我独尊と映った田中の政治手法の底には、この精神が通っていたことで、しばしばその言行に正統性をもたらしたものであった。「田中政治」が、長く強靭《きょうじん》だった背景の一つでもある。

こんな例があった。

田中と元首相の三木武夫は、政治的にあらゆる局面でぶつかることが多かった。田中の金脈・女性問題による首相退陣後も、三木は自らの権力維持と田中の影響力排除という〝両面作戦〟で、あらゆる仕掛けを絶やさなかった。このことが、三木が一方で「権力志向」「策士」とも言われたゆえんでもあった。田中はそうした三木の仕掛けにぶつかるたびに、「しょうがねぇなぁ」といった風情で向き合ってきたが、たった一度だけ「公六分・私四分の精神」を爆発させたのだった。次のような事例である。

必ず限界がくる権謀術策

昭和55(1980)年5月、時の大平(正芳)内閣に、社会党が内閣不信任決議案を提出した。これに、こともあろうに自民党の三木派を先頭に、その尻馬に乗った形で福田(赳夫)派の大勢が本会議採決を欠席、事実上の賛成に回ったことで、不信任決議案は可決してしまったのだった。こうした場合、自民党内から若干の造反者が出るケースはあっても、派閥単位で造反というのは前代未聞だったのだ。結局、大平は不信任決議案可決をもって総辞職を選ばず、田中の進言により、衆院の解散、折から参院選も待ち構えていたことから衆参ダブル選挙の道を選択することにしたのだった。

ここで、田中の「公六分・私四分の精神」が爆発した。不信任決議案が可決され、衆参ダブル選挙が決まったその夜、田中派は衆参の全議員を集めての緊急総会を開催、田中は政権に対するある程度の批判は許されるが、ここまで来ると自民党の本体、日本の政治自体の行方を誤らせることになると、大演説をブッたのだった。顔を真っ赤にし、流れる涙をハンカチでぬぐいながらの凄《すさ》まじい迫力を見せつけたのである。

「諸君！　今日だけはどうしても口に出して言わねばならないッ。政治家は、最後は51％は公に奉ずべきだ。私情というものは、49％にとどめておくべきではないのかッ。自分のためにだけあらゆることをして恥じることのない者は、これは断固、排除せざるを得ない。日本を誤らせるような行動だけは、絶対に許せないのであります！　われわれのグループは、このことだけは守ろうではないか。衆議院の諸君も、参議院の諸君も、必ず（選挙で）勝ち上がってこいッ。私にできることは、何でもやるつもりである！」

田中という政治家の本質に、下手な駆け引き、権謀術策は好まなかったということがあった。権謀術策にはおのずと限界があることを、事業でもまれた若い頃の叩《たた》き上げ人生の中で熟知していたということである。

若い議員には、平素から「バカ野郎ッ、どこを見て政治をやっている。おまえたちは、日本の政治をやっているんだ。私情で動いてどうするッ」「何事も上すべりでなく、誠心誠意、全力投球でやれ。人は、見ている」と、叱咤《しった》激励《げきれい》するのが常であった。その田中の行動原理には、私情は四分に抑えた「公六分の精神」が、常に横たわっていたということである。

「親分力」も、私情に傾くと〝威力〟は半減する。対して、「公」優先での決断は人物を大きく見せる一方で、仮にその決断が裏目に出ても、周囲の逆風はある程度かわすことができるということである。「私」が優先では、同情の余地が生まれないということになる。

フランスに古くからある名言「ノーブレス・オブリージュ」(noblesse oblige＝上に立つ者はそれなりの倫理的、社会的責任があるの意)の根底にあるのは、「公」の精神の重視ということである。上司、心せよ。必ず生きてくるときがある。

至言！「世の中は白と黒ばかりではない。真理は常に中間にありだ」

「世の中は白と黒ばかりではない。敵と味方ばかりでもない。その間にある中間地帯、グレーゾーンが一番広い。そこを取り込めなくてどうする。取り込んでこそ、強い支持につながる。真理は常に中間にありだ」

田中角栄の名言は数多いが、この言葉は組織の中で生きるビジネスマン、とりわけ部下を抱える上司には、ピカ一の至言ではないかと思っている。

田中は、この言葉に続けて、将来を期する中堅・若手議員に向かってこうも続けたのだった。

「そのへんが分からんヤツに、天下が取れるわけがないだろう」

結果、のちにこうした田中の謦咳《けいがい》に接した配下から、じつに田中派からは4人もの首相を輩出している。竹下登、羽田孜、橋本龍太郎、小渕恵三であり、一人の実力者が輩出させた首相の数としては、かの吉田茂元首相のそれを遥かに上回る。また、首相以外でも、小沢一郎、金丸信、梶山静六、野中広務、渡部恒三など政界第一線に送り出した人材は枚挙にいとまがないのである。

なかでも、橋本龍太郎などは類《たぐい》マレな頭脳明晰《ずのうめいせき》に加え、自信満々の人物だったことから、当初こうした田中の言葉にまったく聞く耳を持たなかったが、あるときから「真理は常に中間にあり」に〝宗旨替え〟をしたものだった。それまでは、〝孤高〟で人付き合いが悪く、彼を支える仲間、友人議員の輪も広がらずだったが、やがてこれでは天下は取れずを自覚、田中の言に添って「広大な中間地帯、グレーゾーン」にいる議員との交流に精を出したのだった。結果、自信満々のそっくり返るクセを〝矯正〟した橋本に徐々に支持の輪が広がり、ついには天下を取ることができたということだった。

さて、この「真理は常に中間にあり」の言葉は、田中は自らの叩き上げ人生の中で確信したようであった。

すなわち、あらゆる組織の中には自分を支持してくれる人間が、必ず一握りはいる。他方、人の言動すべてが気に入らずの何でも反対組が、やはり一握りはいるものである。その間に、自らに利あれば支持し、損ならば離れるという〝日和見《ひより み》〟の連中がいる。この連中こそが、「広大な中間地帯、グレーゾーン」ということである。

我を通すだけが能ではない

もとより、この「広大な中間地帯、グレーゾーン」がドッと動けば、組織内の世論となる。この世論を取り込めば、支持の輪は大きく広がるということである。ために、田中は中堅・若手議員にこうも言っていた。

「バカになってでも、周囲への目配り、気配りを忘れるな。他人の意見に耳を傾けろ。我を通すだけが能ではない。これに理屈の入り込む余地はない」

人間、時にバカになることも必要と知ることである。このへんの呼吸が分かると、部下は間違いなく寄ってくる。

そのうえで、でき得るならば、上に立つ者は「脇はほどほど甘く、懐《ふところ》深く」という姿勢でいたい。脇が固すぎると、人は寄ってこない。浅いと、ナメられる。上司としての立ち位置、〝塩梅《あんばい》〟は、かく難しいと知るべきである。

政界での上司としての田中は、脇はほどほど甘く、懐は深かった「親分」だったと言える。「バカな大将、敵より怖い」との言葉もある。「親分力」を身につけることで、「上司力」にさらに磨きをかけてほしいものである。

第2章

#「交渉力」の極意

通産官僚が「当代一流の弁舌能力」と舌を巻いた、田中通産相「日米繊維交渉」での手法とは

「交渉事はニガ手だ」とするビジネス社会のリーダー、上司の〝寿命〟は長くない。なぜなら、商談そのものはもとより、部下への説得、社内融和などに向けて汗をかくのも、すべからく交渉事という側面があるからだ。

一方で、リーダー、上司は、そのポストに応じた商談成果を出さねばならない。目標数値の達成が、不可欠である。ために、リーダー、上司は、交渉術のツボを熟知しておく必要がある。

政界で言えば、田中角栄は「交渉術の達人」とも言われた。田中とライバル関係にあった福田赳夫元首相などは、「角さんとのサシでの会談はイヤだ。あの迫力に丸め込まれる」と、〝逃げ腰〟の弁を口にしたことがあったのである。

そうした田中の「交渉力」の極意が全開された好例は、首相になる直前の通産大臣時代に直面した、佐藤栄作政権の難関でもあった「日米繊維交渉」での果断な交渉過程に見ることができる。

時に、日米関係は今日の両国の貿易状態と似ており、米側は貿易収支悪化の原因は突出した対日貿易の赤字にありとし、「とくに日本の繊維製品の対米輸出増ぶりは容認できない」とし、大幅な繊維製品の輸出自主規制を求めてきたのだった。

しかし、この自主規制には日本国内の繊維業界が猛反対、ためにそれまでの交渉はこじれにこじれ、田中の前の大平正芳、宮沢喜一の２代の通産大臣は、交渉を１ミリも前進させることができなかったのだった。この行き詰まりを懸念した佐藤首相は、昭和46（１９７１）年７月の第３次改造内閣を機に、それまで自民党幹事長だった田中角栄をあえて辞任させ、この通商交渉を担う通産大臣に起用したのだった。

じつは、佐藤とすれば、これ以上この交渉の膠着《こうちゃく》状態を続けているわけにはいかないという事情があった。

なぜなら、この時点、すでに佐藤首相と米側は翌47年5月の「沖縄返還」を合意しており、この交渉が大きな進展なしとなれば米側がヘソを曲げ、沖縄返還に支障が出かねないという懸念もあったからであった。逆に言えば、米側はそうした佐藤首相の〝足元〟を見て、大幅譲歩を迫ってきたということでもあった。

すなわち、佐藤とすれば、内閣の命運もかかったなんとしてもここで決着させなければならない交渉ということであった。ために、それまでの大蔵大臣、自民党幹事長時代に見せつけた田中の「交渉力」の高さに賭け、あえて通産大臣に起用したということだった。

一方で、田中もまた、勝負どころの大臣ポストではあった。佐藤は沖縄返還後の退陣を事実上決めており、田中はその「ポスト佐藤」での天下取りを決意していたからである。自民党総裁選となれば、時の外務大臣の福田赳夫との一騎討ちが必至だったことにより、この交渉を決着させられるか否かは総裁選への勢いを決めることにもつながり、田中にとっても〝土俵際〟の交渉の場であったということだった。

「引き出し」の数で優劣が決まる

さて、田中はここでの交渉に、どんな〝必殺ワザ〟で立ち向かったのか。時の米側の交渉相手はケネディ大統領特使、コナリー財務長官、スタンズ商務長官といった名うてのタフ・ネゴシエーター(強力な交渉役)で、一歩も引かぬ態勢で待ち構えていた。

この交渉を取材した当時の通産省担当記者の弁がある。

「田中大臣はまず、『貿易は、どの国も複数国を相手にしている。黒字の相手もあれば、赤字の相手もある。日本は米国に対して黒字でも、産油国に対しては赤字だ。米国だって、同じではないのか。2国間で常にバランスを取るという考え方には、無理があるということだ』と押しまくったうえで、迫力十分、こうピシャリと言ったものだった。『大体、日本に自由貿易ということを教えたのは米国ではなかったか。以後、日本は自由貿易の原理原則をキチンと守り、実行している。あなたたちの言い分は、筋が違うだろう』と。

のちに、交渉が決着したあと、交渉にタッチした通産官僚からはこんな声が聞かれた。『田中大臣が凄《すご》かったのは、交渉にあたって完璧に通産省の事前調査資料を頭に叩《たた》き込んでいたことが一つ。もう一つは、田中大臣の弁舌能力の高さで、交渉中の中身の理解力、頭の回転の速さ、弁論の切り口の見事さなど、どれを取っても当代一流だった』と」

結局、大平、宮沢両大臣のもとで足かけ3年の膠着状態を続けたこの「日米繊維交渉」は、田中大臣のもとでわずか3カ月余で決着、妥結をみたのだった。

田中は日米関係の今後を考えればやむを得ずとして、米側の繊維製品の自主規制要請をのむことを約束した。その一方で、こうした約束に難色を示す日本国内の業界を説得、大蔵省（現・財務省）から２０００億円の予算を引っ張り出し、これで業界への損失補償をやるという〝荒ワザ〟を用いて決着に持っていったのだった。

当時の一般会計予算は14兆円余であり、例えば令和２（２０２０）年度のそれは1

00兆円超、また貨幣価値などを含めて〝換算〟すれば、田中の国内業者への補償額2000億円は現在なら1兆円前後となり、なんともべらぼうな〝荒ワザ〟でもあった。合わせて、これだけの予算を引っ張り出せる田中の腕力も、またしのばれるものであった。

ここで見る田中の「交渉力」の極意は、一歩も引かぬ弁舌能力がもちろん挙げられるが、他に、交渉の代償として出すべきものは出せるだけの「引き出し」を持っているかということになる。加えるなら、自由裁量のある「引き出し」を持つことである。

交渉の事前調査で問われる、「数字と歴史」の掌握力

前項で、田中角栄は「日米繊維交渉」に先立ち通産省が調べ上げた事前調査資料を、完璧に頭に叩き込んでいたと記した。ために、どこを突かれても〝水漏れ〟のないやり取りが可能になった。この交渉の例は、この事前調査の徹底が不可欠であることも教えている。

田中の事にあたる前の準備すなわち事前調査は、何事にも若い頃から徹底していた。次のような二つの証言がある。

「マスコミからオヤジさん（田中）へのインタビュー申し込みがあると、相手が初めて会う人の場合は、われわれ秘書は大変です。インタビュアーの経歴、それまでの仕事内容など、資料になるものは、秘書に『すべて揃《そろ》えろ』と命じる。オヤジさんは、

それらを熟読したうえで、さあ何でも聞いてくれのインタビューとなる。サービス精神が旺盛なオヤジさんのことです。つまらない質問には、適当に話を盛ってやる。結果どうあれ、出る記事はおもしろいものになる。

オヤジさんがゴルフに手をつける前に、秘書に『やる以上はシングルを目指す。参考になる本を3貫目くらい買ってきてくれ』と命じ、結局すべてを読み切ったうえでゴルフを始めたという有名な話があるが、事にあたる前はどんな些細なことでも準備万端、手を抜くということなどは一切なかった」（田中の元秘書）

「田中に、なぜあなたは事業家として成功したのかを聞いたことがある。田中は、こう言っていた。『商談に入る前に、相手のことを徹底的に調べたからだ。親父は酒飲みだが、創業者として本当に汗を流した。息子は才には欠けるが、人だけはいい。こうしたことまで調べて、よしこれならある程度、信用できるということで、初めて交渉に入ったものだ。相手も、そこまで知られているんじゃかなわんということか、商談がまとまることが多かった。何事も手を抜くな、全力投球でかかれ。これで初めて、

相手に誠意が伝わることになる』と」（元田中派担当記者）

そのうえで、こうした事前調査で最も強力な武器になるのが、田中に言わせると「数字と歴史」ということになる。交渉が行き詰まり、こじれそうになったときに〝威力〟を発揮するのが、この二つの掌握力であることを知っておきたい。田中はこの二つを武器に、先の「日米繊維交渉」などの外交交渉、あるいは権力抗争に打ち勝ってきたと言っても過言ではなかったのだった。

また、この章でのちに触れる聴衆を惹《ひ》きつけてやまなかった名演説「角栄節」の特徴も、絶えず笑いに包まれるという一方で、その話の中身には「数字と歴史」がふんだんに盛り込まれ、強力な聴衆への説得力となっていたのである。

田中自身も、よくこう口にしていた。

「ワシの演説を、皆、楽しんで聞いてくれるが、じつは信頼感があるからなんだ。ここでの信頼感とは何か。数字をきちんと示し、事の由来を正確に伝えることだ。数字と歴史を語ること、これ以上の説得力はない。演説も交渉事も同じだ」

田中は少年時代から数学が得意で、実業の道に入ってからも、仕入れ物資など相手が算盤《そろばん》を弾《はじ》いている間に、価格を速算してしまうのが常だった。さすがに、相手も「アンタにはかなわん」ということで、しばしば商談成立となることが多かったそうである。

こうしたことは政界入り後も同様で、「ワシは大蔵省の資料や予算書などの数字は、一度、目を通したらすべて頭に入ってしまう。カノジョの電話番号を覚えるのと同じで、スッと頭に入る」と豪語していたものだった。こうした数字を武器に、国会答弁でも野党の追及を押し返し、また予算折衝で抵抗する官僚はグウの音も出なかったということだったのである。

周恩来首相もタジタジだった「日中国交正常化交渉」

「数字」による説得力の一方で、「歴史」についてはどうだったか。

こちらも、交渉の事前に徹底的に頭に叩き込み、官僚のレクチャーも加えた豊富な

〝資料〟を抱え込んで交渉の場に臨むというのが常であった。いい例が、昭和47（1972）年9月の「日中国交正常化交渉」で中国の北京に飛んだとき、周恩来首相とこんなやり取りがあったものだ。

周恩来が言った。

「田中総理、中国はこれまで一度も日本を侵略したことがありませんよ」

田中は、すかさずこう切り返したのだった。

「元寇《げんこう》（鎌倉時代、中国大陸から元の軍隊が日本に来襲した事件）がありますな」

博学で知られた周恩来は、「しかし、元は中国じゃないですよ」と押し返したが、田中が相当、日中間の歴史を頭に叩き込んで交渉にあたっていることを理解、好感を持ったようであった。以後、田中と周恩来は互いに胸襟を開き、正常化を前に進めることができたのである。交渉事で事の歴史に精通しておくことは、〝勝利〟への大きな要因になるということである。

交渉事は、もとより勝負である。負けるわけにはいかない。〝勝率〟の高さについては、約２５００年前の中国の大戦略家、孫子が教えている。いわく、「彼を知り己を知れば百戦殆《あや》うからず」。いわゆる「孫子の兵法」である。「彼を知り」とは、「敵を知る」ということにほかならない。敵の軍力、思惑を知らず、己の足元、実力もわきまえずにむやみに突撃しても勝てるわけがないと教えている。

そのためには、相手に隙《すき》を見せるなの一方で、相手を知るべく事前調査が不可欠ということになる。

「応酬話法」に磨きをかけよ

田中角栄が政治生命を賭けた前項の「日中国交正常化交渉」には、他にも交渉に勝利するための要因が、一杯、詰まっている。

この正常化交渉は、何が起こるか、どう進展していくか、まったく読めない中での〝出たとこ勝負〟の感があった。例えば、こんなことがあった。

実務者レベルの協議で、時の外務省の高島益郎《ますお》条約局長が、日中間の賠償問題について「日本が多数講和（サンフランシスコ平和条約）を結んだときに、すべて解決している」と発言した。これに中国側が反発、高島局長を「法匪《ほうひ》（法律知識を悪用する法曹関係者）」ととがめ、なんと国外退去令を出したのだった。

その直後の首脳会談で、田中は周恩来首相にこう詰め寄っている。

「代表団の一員が帰れと言われれば、全員が帰らなければならないことになる。それで、よろしいのか」

中国側も、できればこの交渉はまとめたいのがヤマヤマである。周恩来はシブシブ退去令を撤回、交渉はギリギリのところで再開をみたのだった。この背景にあったのは、田中は中国側もできることならこの交渉をまとめたい意向であることを読み取り、〝全員帰国〟で切り返してみせたということであった。

かく、交渉事のここ一番は、度胸とともに、相手の厳しい主張、注文をどう切り返せるかの「応酬話法」の出来いかんが、大きく左右することを知る必要がある。

「大学出はダメだな。度胸がない」

また、この正常化交渉では、こんなこともあった。

田中が北京・中南海の毛沢東邸を訪問したあとの周恩来首相による招宴で、田中のスピーチに中国側が硬化したことがあった。田中は「中国国民に多大の迷惑をおかけした……」と口にしたのだが、わが外務省の通訳がこれを、中国側とすればたまたま通りかかった女性のスカートに水をかけてしまった場合に詫《わ》びる程度の中国語訳をしたことで、一時、中国側が硬化してしまったのである。この件は、最終的に日本側の事情説明で中国側も了解したのだが、のちにこの正常化交渉を同行取材した政治部記者はこう述懐していた。

「この交渉で印象に残ったのは、田中の度胸のよさと、『応酬話法』の巧みさだった。高島局長に退去令が出たり、〝女性のスカートに水〟の通訳問題があったりで、随行の外務省幹部らは意気消沈していた。マオタイ酒どころか、食事もろくにのどを通らない状態だった。

ところが、田中は彼らに向かって、こう言っていましたよ。『くよくよせんで、一杯やったらどうだ。しょうがないな。だから、大学出はダメだと言うんだ』と。外務官僚たちは、『中国側とのやり取りの見事さとともに、角さんのクソ度胸は凄い』と、感心しきりだった」

先に挙げた「日米繊維交渉」時の通産官僚たちの〝絶賛〟ぶりに、外務官僚もまた同じだったということである。

田中がその交渉能力の高さも手伝い、建設省に始まり、郵政、大蔵、通産などの各省を次々に〝掌中〟にしていった中で、それまで距離のあった外務省まで、田中シンパと化していったということだった。

交渉上手の上司に対し、部下はより高いリーダーシップとしての評価を与えるものだということを知っておきたい。

「握手の効用」を軽視すべからず

相撲の立ち合いと交渉事の入り口は、その後の成否においてよく似ている。相撲で立ち遅れれば、土俵際にズルズルというケースが多い。名横綱・双葉山の相手の立ち合いを見て立つという「後《ご》の先《せん》」などは、よほどの達人以外は通用しない。交渉事も相手に機先を制されると、交渉の主導権を挽回《ばんかい》することはなかなか難しくなる。先手必勝は、どの世界でもやはりかなり有効な戦法ということである。

そこで、田中角栄がしばしば外交交渉などの真剣勝負の場で見せつけたのが、迫力に満ちた握手による〝先制〟ということであった。

その田中における「握手の効用」を、長く田中の秘書を務めた早坂茂三から、こう聞いたことがある。

「オヤジさん（田中）の手は、野球のグラブみたいでちょっとゴツイが、掌《たなごころ》は柔らかい。外交交渉の勝負の場では、もとより負けは許されない。勝機をつかむタイミングも、そう多くはない。そこでオヤジさんは、こう出る。まず、交渉相手の目を凝視する。そのうえで、ガツンと音がするくらいの力強さで握手に出るんだ。それこそ、列車が連結するときのような力強さだ。相手は手がシビれるとともに、強烈な先制を受けた一方で、この男は全力投球、体当たりでこの会談に臨んでいることを知ることになる。当然、相手も真剣勝負で立ち向かってくる。こうなると、真剣勝負だから曖《あい》昧《まい》な結果は出ないということになる。

オヤジさんの大小の交渉事にずいぶん立ち会ってきたが、勝因の一端に、私はあの力強く握る先制の握手があったと見ている」

相手から目をそらすな

首相に就任し、あの「日中国交正常化交渉」の賭けに出た際も、田中は同様に毛沢東国家主席、周恩来首相と向き合った。当時の訪中同行記者が言っていた。

「とくに、周恩来との出会いでは、田中は火花が出るんじゃないかと思われるくらいの迫力で握手に出た。これは、田中のこの交渉に向けての命懸け、真剣さが周りに伝わった瞬間でもあった。困難は多々あったが、まずあの握手があってこそ、日中共同声明発表（1972年9月）に辿《たど》り着くことができたと見ていいんじゃないか。田中と周恩来の信頼感は、あの田中の握手によって、より高まったように見えた」

力強い握手の先制は、まず相手に対して親愛の情として伝わる。最近はスキンシップとして「ハグ」が流行《はや》っているようだが、相手の目を凝視しての握手は、さらに親近感を印象づけることになる。単なる握手と思うなかれ、である。交渉成立への扉を開く効用は、意外に大きいと知っておきたい。

そのうえで、交渉事での先制の握手は、あくまで力強くが要諦となる。優しく握るのは、カノジョの手だけにしておきたい。

「ノーと言える勇気」を見直せ

部下にとって一番困る上司とは、判断を仰いでも「イエス」「ノー」が明確、迅速に出てこない人物である。部下にゲタを預けることで、責任回避、自己保身が透けて見えるということでもある。

ひるがえって、田中角栄は陳情はじめあらゆる頼まれ事で、曖昧な返事は一切なく、受けられるものは即「イエス」、どう判断しても無理なものは「ノー」と即断した。

田中同様の〝叩《たた》き上げ〟で国政に出、のちに官房長官や自民党幹事長として米誌「タイム」に「自民党きっての最高戦略家」と報じられたこともある野中広務は、出身の京都府園部町議会の議長時代、時に39歳で郵政大臣に就任した田中に陳情を通して初めて会っている。そのときの田中の印象を、野中はおおむね次のように告白している。
「園部町の郵便局が老朽化して困っているからと、建て替えのための陳情書を持って目白の田中邸へ伺った。田中さん、ろくに私の説明も聞かず、『郵便局か。よし分かった』と言うや、傍らの秘書に『早急に処置』との文言のメモを渡し、『すぐ役所に届けろ』と言っていた。その翌年6月には、田中さんは内閣改造で郵政大臣を辞められていたが、キッチリ補正予算に郵便局の改築費用を入れておいてくれた。
以後も田中さんとは何度も顔を合わせたが、できること、できないことの判断はなんとも早かった。例えば、陳情でも、その人の肩書きなどは関係なく、その陳情が本当に必要なものか否かの判断で即断した。政治家かくあるべきを教えられたものだった」(「新潮45」平成22年7月号＝要約)
その後、野中は国政に転じるや、迷わず田中派入りをした。すでに、田中は金脈・女性問題で首相を退陣、さらにロッキード事件で逮捕という〝汚名〟を背負っていたが、田中派入りに対しての支持者の批判、異論を超え、田中に身を預けたということだった。

ちなみに、この野中には名言があり、「ケンカは必ず格上とやれ。格下に勝っても頭角を現す兵数にはならない」というものだった。上司諸君、ケンカをやる場合は、自分の上司、上役とやれ、である。部下とのそれは、時として「いじめ」として受け取られることが多い。上司とガップリ四つの相撲を取れてこそ、また部下の拍手があるということである。

長い目で見れば増す信用度

田中自身は、この「イエス」「ノー」の即断について、こう語ったことがある。

「たしかに、ノーと言うのは勇気がいる。しかし、逆に信頼度が高まる場合も少なくない。なまじ『もしかしたら』の期待感を持たされて、結局ダメとなった場合は、落胆の度合いは深まる。失望感は、初めにノーと断わられた以上に倍加するものだ。イエス、ノーは、ハッキリ言ったほうが長い目で見れば信用される。交渉事も、また同じだ」

こうした好例は、田中が首相時代の昭和48（1973）年10月の、当時のソ連（現・ロシア）との北方領土返還に関わる外交交渉にも見られた。時の交渉相手は、タフ・ネゴシエーターで知られたブレジネフ書記長で、田中との間の首脳会談は激しいやり取りが展開されたものだった。

田中は領土返還交渉の本筋に入る〝前段〟の話し合いでも、昭和20（1945）年8月9日、ソ連が6日の広島に続く長崎への米軍の原爆投下による敗戦必至を見て取り、「日ソ中立条約」を破って侵攻してきた非をぶつけた。そのうえで、中国は数百万人の抑留者を日本に送り帰したが、一方でソ連は非道にも何十万人もの関東軍兵士をシベリア送りにしたではないかと、日本人の持つソ連への許せない感情を臆することなくたたみかけたのであった。

ブレジネフはそれに対し、「中国の対応は、あれはメシを食わすのが大変だから帰したのだ」と切り返したが、田中はなおも「何を言うか。多くの同胞は極寒のシベリアでろくにメシも与えられず、無念の思いで死んでいったのだ」と、一歩も譲らなかった。こうしたあまりの田中の剣幕に、ソ連側の関係者からは「アイツは極東の野蛮人だ」との声が出ていたのだった。

こうした〝前段〟のあと、いよいよ領土返還交渉に入ったのだが、ブレジネフはこんどは会談後に発表する日ソ共同声明の文言問題で言を左右、「領土」の文言を入れることを拒否してきたのだった。

ここでも、田中は譲らなかった。ブレジネフの〝ゴリ押し〟に対して迫力満点のノーの連発、ついには共同声明に「領土」の文言は入れられなかったが、「第二次大戦の時からの未解決の諸問題」との文言を盛り込ませたのだった。

このとき田中の訪ソに同行取材をした政治部記者は、帰国後、こう言っていた。

「田中は顔を真っ赤にして、ブレジネフにこう言ったそうだ。『〝領土〟の文言が入らないなら、共同声明を出さずに帰国するつもりだ』と。これは、中国での日中国交正常化交渉のときと、そっくり同じスタンスだった。この一言で、ブレジネフは、ある程度、田中の意向を入れざるを得なくなった。なぜなら、一方でソ連は経済共同開発を宙に浮かせることができないという事情を抱えていたからだ。ブレジネフの〝弱み〟を巧みに読み切って交渉にあたった田中の、『ノー』の威力を見せつけた外交交渉だった」

勝負を分ける「不退転の決意」

商談などの交渉事で成果を出し、部下に「なるほど凄腕の上司だ」と思わせるには、これまでに触れた以外にも、いくつかの心得が必要となる。

その一つが、必ず〝落とし所に落とす〟という不退転の決意、そのエネルギーのほとばしりの有無である。相手がビビリそうな、迫力ということでもある。

田中角栄のその迫力の凄《すさ》まじさについて、田中派当時の二人の代議士の証言が残っている。

「オヤジさん（田中）のそばにいると安心するなんていうヤツがいるが、これはウソだ。そりゃあ、おっかない。怒るときの声は、部屋の窓ガラスがビンビン揺れるような感じがする。何か言い返そう、反発しようなんていうそれまでの気力はまったくなくなってしまう。しかし、話の筋は通っているし、学ぶことは多いから、皆、うずくまった感じで聞き入る形になる。

結局、上に立つ人間は優しいだけではダメで、むしろ恐ろしいと思わせる部分を残していてちょうどいい。いざというとき、部下を動かせるのはこういうタイプのリーダーだ。オヤジさんからは、とくに『畏怖《いふ》』ということを学んだ。政治家のやり取り、交渉事も、畏怖で優《まさ》ったほうが主導権を握る形になるのが常だ」（渡部恒三・元衆院副議長）

「田中先生が『昇り龍』とも言われた幹事長時代の、こんな思い出がある。国会内の幹事長室は、まず樫《かし》の扉を開けると秘書室があり、その後ろの樫の扉を開けると幹事長の執務室に通じている。その幹事長室にちょうど私が入っていったとき、とんでもない物凄い大声がした。『おーいッ、お茶だ』と。もとより、田中先生の声だが、私はあまりの大声にビックリして思わず跳び上がった。耳の鼓膜がキイーンと鳴ったものだ。

まあ、ひとしきり先生の説教を聞いて幹事長執務室から出、秘書たちと雑談していると、こんどは二度ビックリだった。バーン。樫の扉を破らんばかりの音をさせて、先生が出てきた。『行くぞッ』の大声とともにです。そのとき、秘書の一人が『幹事長、いま文部大臣がお見えになるんです』と声をかけた。『どこから来るんだ』と、田中先生。秘書が『議員会館からです』と答えると、『そんなもの、おまえ待っていられるかッ』と、脱兎のごとく出て行ってしまった。たった一瞬が、まるで嵐の中に巻き込まれたような長い時間に思えた。

昇り坂の人間が吐き出す特有のエネルギーとは、まさにこれなのかと思った。迫力とはこういうものかと、初めて知ったということです」（中西啓介・元防衛庁長官）

親分・佐藤栄作に一歩も引かず

田中における不退転の決意、迫力に満ちた交渉例は、昭和44（1969）年春の、佐藤栄作首相との間で交わされた自らの「新幹線9000キロ構想」を巡る激論にも見ることができる。時に、田中は3期目の幹事長であり、佐藤はまた長期政権をバク進中で、自らの政権および政策運営には自信満々だった。一方の田中は、佐藤派の幹部ではあったが佐藤との関係は〝親分・子分〟のそれであり、田中としてはそうした中でも一歩も譲らぬ対峙《たいじ》だったのである。

さて、田中はすでに、運輸省（現・国土交通省）とすり合わせて以後5年間の総予算11兆3000億円の「新幹線鉄道整備計画要綱」をつくり上げていたが、これを持って首相官邸に乗り込んだのだった。佐藤はそれまでも、一貫してこの「新幹線9000キロ構想」には極めて消極的だった首相。田中はこうした〝親分〟に対し、眼光鋭く最終決断を迫ったのだった。

この際の佐藤と田中のやり取りは、次のような火の出るような激論となった。

「君は新幹線にタヌキを乗せるつもりか。赤字は必至だ。どうするのか」

「総理、この運輸省案には各省とも了承しています」

「何を言うか。政府はこのオレだッ」

佐藤は運輸省の前身、鉄道省から政界入りをしている。ために、運輸省には絶対的な影響力があっただけに、運輸省の〝弱腰〟を嘆く一方で、赤字路線となることへの憂慮を示したのだった。その背景には、田中がこうした雄大にして骨太の政策推進を実現した場合、さらに力をつけた形となり、自分の足元をおびやかしかねないことへの警戒感も、またあったということでもあった。

じつは、運輸省は当初この田中の構想では佐藤首相がウンと言うわけはなしとみて、「9000キロ」を「3500キロ」に縮小した案をつくっていたのだが、田中はこれを一蹴、日本全国の格差是正の必要性を説き、ついには運輸官僚を屈服させてしまったということが、背景にあった。

当時の運輸省担当記者は言っていた。

「次官、局長らの運輸官僚の前で、運輸省案に対して田中はこう迫った。『ダメだ、こんなものでは。9000キロで行けッ』と。あまりの田中の迫力に、運輸官僚はグウの音も出ず、結局は9000キロ案を了承させられてしまったということだった」

田中はすでに、各省への説得はもとより、自民党内への根回しも済ませており、結局は佐藤も田中のこの構想をのむしかなかった。田中のこうした交渉術は、単にガムシャラな不退転の決意、迫力といったものだけでなく、根回しなど万全の態勢を敷いたうえでのそれだったことも知る必要がある。ビジネスマン諸君も、「まあまあ、このあたりで落とし所となれば上々」などとして交渉事に臨んでいるようでは、大きな勝利を得ることはないということである。

ちなみに、田中が首相の座に就く直前、田中と親しかった政治部記者はこう言っていた。

「田中はいざ勝負に出るときは、まるで手負いの獅子《しし》状態になる。凄まじい迫力が顔だけでなく、全身から〝気〟みたいなものになってほとばしる。だから、一部には『田中は〝気〟で勝負する政治家だ』との声も出ていた。加えて、『腐っている橋を渡っても、橋はワシが渡ったあとに落ちる』と豪語するだけに、常に絶対の自信めいたものが漂っていたから、会った人間のほとんどが田中に〝吸引〟されてしまうことになるワケです」

余人が近寄れぬ「天賦の才」の交渉力を秘めていた田中であった。

理想の「交渉カード」は3枚

商談などの交渉事に勝利するためには、「交渉カード」を何枚持っているかが問われる。初めから「これで行くので」と強気一本槍、1枚だけのカードで臨んだ場合、話の展開しだいで思わぬ暗礁に乗り上げてしまうことが、多々あるからにほかならない。

カードとは、もとより「策」を指す。まず、これで行くのがベストであるとする「最善の策」、それがかなわぬとなった場合の「次善の策」、そしてここでどうしても決めるのだとする「三善の策」まで持つ必要がある。田中角栄の交渉術には、こうした三つの策、すなわち〝3枚のカード〟が常に懐《ふところ》に入っていたのが特徴的であった。

単純な不退転の決意、迫力のみに頼っていたのではなかった田中のこうしたケースでの交渉術の好例は、昭和40（１９６５）年の田中が大蔵大臣時代に浮上した「山一證券」の倒産危機、それに伴っての救済措置の水際立った過程に見られた。マジシャン並みの「３枚のカード」駆使ということであった。

この頃の株式市場は、機関投資家の株式保有率がいまほどでなく、個人投資家が60％を超えているといった状態だった。ということは、「山一」が倒産となれば国民生活、景気に与える影響は計り知れないことが予測された。国としてリスクを負いながらも山一を救済するか、それとも目をつぶって見放すのか。その行方を一手に握っていたのが、時の大蔵大臣の田中ということであった。

田中のなかにあった最終的な落とし所、言うならば「最善の策」は、日本銀行による「山一」への特別融資、すなわち「日銀特融」ということであった。これが１枚目のカードである。

しかし、田中は事前に入った情報から、まず日銀が「『山一』のメインバンクが救済するのが筋」とし、自らの企業への支援には強い抵抗を示していることを承知していた。加えて、時の日銀総裁の宇佐美洵《まこと》は、何かと田中のライバルと見なされていた福田赳夫に近かったことで知られている。「最善の策」での決着は至難と見られていたが、田中一流の「芸」を、次々と繰り出して見せたのであった。

大蔵省の省議の結果として、「まず、民間での努力が不可欠。『山一』のメインバンクである富士、三菱、日本興業（いずれも当時の名称）の主力銀行3行で融資、救済を行うことを要請する」との方針を明らかにした。しかし、これを受けて主力銀行3行は協議したものの、案の定、融資はノーの姿勢であった。

田中の交渉術の凄いところは、ここからである。「最善の策」に頼り切るのではなく、ノーとなることも織り込み済みで、3行の協議決裂にあえて一芝居を打って見せる「次善の策」を用意していたのだった。この2枚目のカードで、「日銀特融」への道を切り拓《ひら》いていったのである。

三菱銀行頭取が震え上がった田中蔵相の一喝

大蔵省議を出して6日目、頃はよしと見た田中は、その日の夜9時、東京・赤坂にある日本銀行・氷川寮の一室に、大蔵省から佐藤一郎事務次官、高橋俊英銀行局長、加治木俊道財務局調査官、メインバンク側から富士の岩佐凱実《よしざね》頭取、興銀の中山素平頭取、そして日銀からは宇佐美洵総裁ではなく佐々木直《ただし》副総裁を集めた。

ここで日銀が総裁ではなく副総裁を出席させたのは、当時、「日銀特融」に反対の宇佐美総裁の〝抵抗〟があったからとしたのが支配的見方であった。また、三菱の田実渉《わたる》頭取は、株主総会後のパーティーへの出席を理由に、1時間ほど到着が遅れたものであった。

会議は、初めから難航の雲行きであった。メインバンクのうち、富士、三菱の2行は支援に反対、そこで田中は個人的にも親しかった興銀の中山に、こう話を振ったのだった。これが、田中の「次善の策」として用意した2枚目のカードである。

田中の「芸」が冴《さ》えるのである。

「どうだ。興銀で200億円出さんかね」

これに、中山がこう応えてみせた。

「それくらいは出せます。ただし、潰れそうな会社に200億円出すようなことになれば、次の日に私は頭取を辞めます。第一、そんなことをしたら、興銀の債券をどの銀行が買ってくれますかね」

田中は、この言葉に、至極もっともとの表情をつくってみせた。ここが、2枚目のカードの〝胆《きも》〟ということであった。

じつは、田中の中山への話の〝振り〟には、裏があった。事前に、田中と中山の間で打ち合わせ済みのやり取りだったのである。田中としては、興銀に明確にノーと言わせることで、結局は「日銀特融」しか道はないという結論に持っていくシナリオだったということである。

そして、繰り出されたのが、トドメとしての「三善の策」である3枚目のカードであった。

日銀・氷川寮の会議は、始まって1時間が過ぎても重苦しい空気に包まれていた。

そこに、三菱の田実頭取が遅れてやってきた。田実は、周囲の会話を聞きながら、やがて口を開いたのだった。

「まあ、この場で早急な結論を出さず、取引所を閉鎖したうえで改めて善後策を討議したらどうでしょう」

このタイミングを逃さず、田中はいよいよ3枚目のカードを切ったのだった。

「君ッ、それでも銀行の頭取か！（山一が）都市銀行だったら、どうするのかッ」

年若の大蔵大臣ながら、すでに自民党の実力者としての地歩を築いていた田中に一喝された田実は顔色を変え、震え上がったのだった。

ここからは、完全に田中がペースを握ることになった。日銀の佐々木副総裁が、すべてを悟ったように切り出した。

「やむを得ません。日銀が山一を支援することに致しましょう」

かくて、「日銀法二十五条（旧法）」が発動され、「山一」への282億円特融が決まったのであった。

そのうえで、田中は決定直後の記者会見で、「これは無担保、無制限の日銀貸し出しである」と語った。じつは、日銀側と詰めた中では、「無担保、無制限」との文言は入っていなかったのだった。田中としては、この支援策で「山一」が立ち直りを見せない場合、さらに国民の動揺を招くとの考えがあり、追加支援の余地をなお残したということだった。

「山一」はその後、立ち直ったが、田中が死去したのちの平成9(1997)年11月、こんどはバブル経済にもまれ、経営者の無能ぶりも手伝って自主廃業に追い込まれている。

戦後経済と景気を大きく揺るがせかねなかったこの「山一證券」危機救済問題は、田中のこうした水際立った交渉テクニックとして語り草となっている。

「角栄節」が教えるスピーチ説得術の5カ条

田中角栄の伝説的な名演説、名スピーチぶりは「角栄節」としてよく知られている。

筆者は、田中が元気だった頃、こうした演説、スピーチの類いを各地各所で、じつに100回以上も取材している。

例えば、そうした「角栄節」の一つに、昭和54（1979）年9月17日の、次のような新潟県長岡市でのそれがある。時に、ロッキード事件での逮捕から3年後の、総選挙出陣式であった。折から演説会場は超満員で、窓外には田中が推進した上越新幹線工事中の風景があったものである。話は随所に笑いを誘い、一方で先にも触れた「数字と歴史」などがふんだんに盛り込まれ、これらが聴衆への強力な説得力になっていたものだった。

「（中略）あの新幹線のコンクリートの芸術品、あれ、いまキロ当たり40億円、始めた頃は20億円だったんです。ところが、私がしたことでないのに（ロッキード事件で）ガタガタしているうちに工事が遅れ、工事費6500億円はいま1兆3850億円だ。この負担は子どもの代、孫の代までかかりますよ。そうでしょ、皆さんッ。政策を決めたら、待ったなしに行なわれなければならんのであります！

まァねェ、人の顔を逆なでするようなことは言わんほうがいいですよ。戦争はいまにも起こる、自民党はけしからん。そんなことをいつまでも言っているようではダメだ。そりゃあ、不平はある。しかし、（長岡─東京間の新幹線が通ると）口では反対と言っても、1時間15分で来るとなると、いっぺんは乗ってみる。そうすると、皆、ナルホドと思うんです（拍手）。

私はねェ、いま年間300人大学卒業者の（就職の）面倒をみております。ところが、この5年くらいで、いい職場なら（郷里に）帰ってもいいという者が増えている。まァ、5年も経てばシャケも戻ってくるわねェ。命を賭けてヨメにいっても、戻ってくるじゃないですか（大爆笑）。そういうもんなんですッ。私はまた、この新潟の山河を、もう一度この選挙で見てみるつもりであります！（「バンザイ」の声、しばし鳴りやまず）」

一方、長く田中の秘書を務めていた早坂茂三は、もとより何度もこうした田中の演説、スピーチ、あるいは田中派議員など政治家個々との話し合いの場にも、多く同席していた。そうした中で、早坂はある田中派若手議員を前に田中が叱咤《しった》した、次のような言葉が印象的だったと言っていたものである。

「おまえは大層な話をするが、聞いているとどうも心を打つものがない。自分の主張ばかりで、相手の気持ちが眼中にない。一言で言えば、浮ついている。心が入っていないということだ。そんなことで、選挙でおまえの話を誰が真面目に聞くか。もっと頭を使ったらどうだ。演説、こうした会話や交渉事もすべて、心を込めて誠心誠意、全力投球で相手と向き合うことだ。説得力に、それ以上のものはない」

聞き手との「一体感」を醸《かも》せるかどうかが最大のポイント

そうした田中の圧倒的に多くの人を納得させる、言わば〝必殺話術〟を整理してみると、筆者は次の5カ条ほどに絞ることができると分析したものだった。交渉事の場でも、心しておくと必ず役立つと思われる。

①何を話したいのか、まず話の冒頭で結論を示す。また、話のテーマは一つか、多くても二つくらいに絞る。それ以上、話題を広げても、聞き手、話し相手には印象が残らない。そのうえで、暗い話はできるだけ避けたほうが得策ということになる。

②とくにスピーチでは、聞き手との「一体感」を醸すことに全力を挙げよ、である。ここが最大のポイントでもある。また、独りよがりの話、自慢話は、じつは相手の中に何も残らない。また、しゃべっている人物のレベルがのぞかれてしまうことにもなる。

③たとえ話を、できるだけ織り込む。これにより聞き手に情景が浮かび、理解しやす

いというメリットがある。また、「数字と歴史」を織り込むことが何より強力な説得力になるとは、先に記したとおりである。
④聞き手、話し相手への問いかけ、同意を得ることを心掛けよ。「角栄節」には、随所に「そうでしょう、皆さんッ」といった、〝問いかけ〟が入るのが特徴であった。
⑤声には、力を入れよ。蚊の鳴くような声では、スピーチ、商談など交渉事、個人的会話、いずれも説得力の足を引っ張ることになる。そのうえで、相手の目を真っ正面から見て話すことだ。相手は、そこに一所懸命さを見てくれる。また、時に相手の自尊心をくすぐることも、かなり有効であることを知っておきたい。
このくらいの話術テクニックを体得すれば、周囲、部下の評価は間違いなくワンランク上がること必定である。

第3章

人材育成の奥義

「決断の重み」を教えた衆参ダブル選挙強行例

人を育てる、部下を育てることは、上司として周りから敬愛を得るという部分がないと、なかなかうまくいかない。当然、部下は上司を見て育つ部分が大きい。誰もがなるほどと思うところは、部下は自分もあやってみたいと思うし、逆にどうしようもないなと思えば、「他山の石」「反面教師」として距離を取ってしまうということにもなる。その意味では、上司は常に見られている、油断大敵の立場にあることを自覚したい。

人材を育むには、一般的には上司として部下に発想のツボ、知恵を与えてその能力にさらに磨きをかけてやる方法と、窮地に陥っているときに自らの豊富な経験を生かし、脱出法を教えるという二つのやり方がある。

全国津々浦々に強大無比の人脈を築き、前代未聞、最大で１４１人の部下すなわち田中派という大派閥が維持できた田中角栄のそうした人を育てる術《すべ》は、端的に言えばオレの行動原理、率先垂範の精神などを見て学べというものだった。いわゆる手取り足取りで教えるということは、まずなかった。

決断力と何か、発想はどう転換したらいいのか、危機脱出など部下が心得ておくべきことを、自らの言行の中で教えたということであった。以下、実例を挙げて検証してみたい。

上司にとって、人を育てるうえで最も鼎《かなえ》の軽重を問われることは、決断力の有無である。その意味では、田中の決断力の凄《すご》さは、昭和55（１９８０）年夏の史上初の衆参ダブル選挙の強行に見られた。

時に、自民党は熾《し》烈《れつ》だったその8年前の総裁選「角福戦争」以後、大平（正芳）派など田中角栄支持派と、これに不満を持つ福田（赳夫）を中心に中曽根（康弘）派、三木（武夫）派らの反主流派の間で、陰に陽に主導権争いが続いていた。

そのピークは、昭和54（1979）年10月から11月にかけての両陣営による「40日間抗争」であった。自民党にとっては、昭和30（1955）年の結党以来、初めてにして最大の分裂危機状態に陥ったものである。

時に、政権は田中の「盟友」大平正芳にあり、すでに金脈・女性問題で首相の座を退き、さらにロッキード事件で逮捕という追い討ちを受けていた田中としては、大平政権の存続が至上命題であった。ロッキード裁判で潔白を勝ち取り、「総理大臣の犯罪」の汚辱を晴らして復権を果たすためには、田中にとっては友好的な政権の存続が不可欠ということだったのである。

しかし、大平は「40日抗争」を引きずる中で打った総選挙で敗北、反主流派から選挙敗北の責任を取れと内閣不信任決議案が提出される始末であった。野党ならともかく、自民党内から不信任決議案が提出されることは、極めて異常な事態である。

結果、この不信任決議案は社会党ら野党の賛成を得て、なんと成立してしまったのだった。大平とすれば、内閣総辞職をして退陣するか、衆院を解散して再び総選挙で勝負をかけるかの二つの選択肢がある。しかし、大平は弱気であった。常に反主流派に揺さぶられ、身心ともに政権運営に疲れ切っていた。ましてや、年が明けての6月には参院の通常選挙も待っている。「盟友」の田中には、「もう辞めたい」と総辞職をほのめかしていたのだった。

自民党のピンチを救済

ところが、田中は大平に言った。

「弱気になるな。解散、総選挙だ。6月の参院選に衆院選を抱き合わせての『衆参ダブル選挙』で行け。電撃的にダブル選に持ち込めば、野党は候補者調整などで選挙態勢が整わない。絶対、勝てる。ケツをまくれ」

選挙に精通、そのノウハウの蓄積から、「選挙プロ」と言われた田中ならではの〝奇策〟の強行進言ということであった。

結果、田中の進言をのんだ大平は、ダブル選を選択した。しかし、参院選の公示日となった日、心筋梗塞を発症、結果、選挙期間中の投票日10日前に逝去してしまった。

その後、ダブル選そのものは、田中の言明したとおり衆院選で野党の候補者の立ち遅れが目立ち、亡くなった大平への有権者の同情も重なって、自民党は衆参ともに圧勝となった。選挙後、反主流派幹部の中から、次のような声が出たものであった。

「田中にしてやられた、というのが正直なところだ。自民党は長い党内抗争で世論から背を向けられていただけに、衆参それぞれの選挙なら惨敗もあり得た。選挙前、ダブル選という発想は誰一人なく、結果的には自民党としては〝田中様々〟ではあった。勝負にかかったときの田中のひらめきの凄さ、決断力を、改めて見せつけられた選挙だった」

田中自身はと言えば、ここで反主流派を沈黙させ、自民党内での影響力を温存することができたということだった。

その後の「ポスト大平」で、「本籍・田中派、現住所・大平派」と言われた鈴木善幸を後継に担ぎ出し、その鈴木のあとは田中に頭を下げた中曽根康弘を担ぐことで、しばし自らの復権への模索を続けることができたということであった。鈴木には「直角内閣」、中曽根には「田中曽根内閣」との田中の影響力温存のカゲ口も出たのだった。

いずれにしても、田中のダブル選への決断は、自民党のピンチを救った。ビジネス社会でも、このくらいの決断力で会社に逆転の利をもたらすことができれば、部下の信頼もいや応なしに付いてくるということである。一つ、二つの小さなミスなど、周囲も目をつぶってくれるということでもある。

「只見川《ただみがわ》騒動」で見せつけた"一石五鳥"発想の凄み

部下が行き詰まったとき、「発想の転換」を伝授してやれないようでは、上司としていかにも物足りない。田中角栄の場合は、それによって単に道を切り拓《ひら》いてやるということだけでなく、それに付随するさらにいくつかの、知恵、利益をも供与してやるのだから、賛辞はいやがうえにも高まったということである。

只見川。福島県と群馬県の県境にある尾瀬沼を水源としてまず新潟県に流れ、さらに福島県に蛇行したあと、再び新潟県側に戻って阿賀野川となり、日本海に注ぐ。作家・三島由紀夫の「沈める滝」にもモチーフとして登場する、紅葉時には見事な渓谷美を見せてくれる、名川の一つである。

ここで、戦後間もなく、とんだ騒動が持ち上がった。時に、わが国の石炭資源の先行きが憂慮されはじめ、推定包蔵水力150万キロワットと言われたこの只見川上流のダム開発が国家事業化されたのだった。投下されたカネは、決着を得るまでじつに1000億円という当時からするとべらぼうなものであった。騒動とは、一言で言えばこの新潟県と福島県との〝利権争い〟を指すのである。

この1000億円に及ぶ利権誘導合戦での、新潟県側の先兵がまだ30代半ばの陣笠代議士の田中角栄であった。田中を先兵とする新潟県と、これと張り合う福島県側は、「調整」と称して供応と連日の料亭での宴会に明け暮れたものであった。ために、只見川転じて、「タダ呑《の》み川」とも言われたのだった。

結局、この騒動は二転三転、スッタモンダを繰り広げたあと、足かけ7年の昭和28（1953）年、政府による最終妥協案により、一部を新潟県側に分流するという形で決着をみた。

ただ、この新潟県側への分流量は只見川の年間流量13億8000万トンのわずか5・6％でしかなく、当初、新潟県が要求した分流量が75％であったことからすると、新潟県は形としては完敗であった。

「脳のモーター」をフル回転させているかどうか

しかし、この決着の裏には、田中のとてつもない「発想の転換」が潜んでおり、それが明らかになると、新潟県民は一変して田中に大拍手。地元に多大な利益をもたらしたとして、地元側は〝報恩〟として選挙でこれに応えることになるのである。田中の選挙基盤がようやく固まりだしたのは、この只見川騒動を経たあたりからだったのである。

さて、ここでの田中の「発想の転換」とは、〝水〟で争いながら、じつは〝道路〟という膨大な付加価値の算盤《そろばん》を弾《はじ》いていたということだった。驚くべき、次のような発想であった。

新潟県への分流工事には、ダム建設の必要がある。これには、山をぶち抜き、砂利などを運ぶ工事用の専用道路が必要となる。この道路については、政府出資の電源開発株式会社がつくってくれる。のちに、田中の中選挙区時代の選挙区〈新潟3区〉内に張り巡らされた〝史上最強〟の後援会「越山会」最高幹部の一人が、その先を読む田中の発想の凄さを、こう語ってくれたものだった。

「電源開発がつくってくれた工事用の専用道路、豪雪地帯ゆえの除雪、トンネルの補修なども、みな公共事業でやってもらえる。一方、電源開発もダムができてしまえば、もはや工事用専用道路は不要となるワケだ。

田中の凄いところは、次にこの不要となった道路の新潟県への払い下げを持ちかけたことにある。さらに、払い下げられたあと、田中はこの道路を県道に編入させた。これで補修も、全部、県が面倒をみてくれる形となった。また、一方でこの補修の仕事は地元の土建業者を潤すことにもなり、選挙区の土建業者は一挙に〝田中支持〟となった」

かく、田中の発想は、一石二鳥を遥かに超えた〝一石五鳥〟と言えるものであった。

田中はよく、田中派の若手議員にこう言っていたものだった。

「人間の脳は、数多いモーターの集まりだ。ふつうの人間は、その中の10個か15個を回していれば生きていける。しかし、努力すれば、モーターは何百個、何千個と動かすことが可能だ。フル回転させてみろ。ただし、ボーッとしていては動かない。勉強、勉強だ。勉強をしている中で、発想は次々に出てくる。それに、尽きる。あとは、ない」

「発想の転換」の極意を、田中はそう教えている。

角栄流「発想の転換」の要諦は、俯瞰《ふかん》的視線と常識の放棄

前項の只見川騒動で見せつけた田中角栄の「発想の転換」でもう一つ特徴的なのは、常に物事を俯瞰的に見るということだった。

例えば、議論が沸騰して行方が見えない場合、議論の軸からちょっと離れ、事の全体像をもう一度、見直してみることである。行き詰まった議論の突破口が、見えてくることがある。

この〝手〟で田中はあらゆる難事を突破し、部下や周囲をサポートしては信望を得た。永田町には、「困ったときの角頼み」という言葉も流布していたのだった。

田中が誰もが及びもつかなかった俯瞰的視線で難事を打開したエピソードを、二つ挙げてみる。

一つは、本州―四国間を道路で結ぶ本州四国連絡橋（「本四架橋」）、完成までの曲折の中でのことである。

本州と四国を結ぶ道路は、現在、明石海峡大橋を含む「神戸・鳴門ルート」、瀬戸大橋の「児島・坂出ルート」、〝しまなみ海道〟と呼ばれる「尾道・今治ルート」の3本ある。しかし、ここに至るまで、国会も含め「3本の道路は税金の無駄遣いである」との議論が錯綜《さくそう》、なかなか工事着工までは行きつかなかったものだった。

ここで、田中のお出ましである。田中はすでに首相を退陣していたが、3ルート建設に反対の国会議員を集め、こうブッたのであった。

「君たち、東海道には日本橋から京都まで、何本の橋が架かっているか知っているのか。橋の先には道路が待っている。本州と四国を結ぶ道路は、その先、全国につながることになるんだ。なぜ、これが税金の無駄なのか」

この論は、ある種〝スリカエ理論〟ではある。東海道全域に架かる橋の数より、本四架橋の3本の橋は遥かに少ない。しかし、田中は3本の橋は全国につながり、結果、経済も活性化するのだとしたのである。最終的には、こうした田中一派の俯瞰的視線で反対派議員の了承を取り付けてしまったということだった。

新幹線駅名の〝大岡裁き〟

もう一つは、東京―新潟間の上越新幹線の敷設が決定したあと、駅の問題が浮上したときであった。

田中の地元・新潟県の燕市と三条市の間で、どちらに駅を持ってくるかでモメた。燕市は洋食器など金属加工で知られた職人の街、一方の三条市はそれを売って歩く商人の街であることから、職人から商人が仕入れ値を安く買い叩《たた》くことで、両市はあまり仲がよくなかったという経緯があった。新幹線駅の誘致合戦も対立していた。

ここで、田中の俯瞰的視線、〝大岡裁き〟の妙が冴《さ》えたのである。地元記者の証言がある。

「田中が出した駅名案は、『燕・三条』だった。そのうえで、名前が燕市より下になった三条市に配慮し、駅の位置を少し三条寄りにした。また、高速道路のインターチェンジの名前のほうは『三条・燕』としてバランスを取り、双方を納得させたものだった。その後の選挙では、田中の両市からの票はともに上々となった」

田中はかって、自らの政治的発想について、次のように語っていたことがある。

「ワシは今日は今日で、タイムリーにものを片づけることを常に心掛けている。明日、来年でも、同じ問題に対して別の解決方法が出てきたら、そのとき初めて政策転換をすればいいじゃないか。だから、そういう意味での判断は非常に早いということだ。

若い頃、設計図を描いていたときも、線は初めからぶっ書き、実線でいったものだ。よく昔の書の名人が木の看板に向かったとき、まず一気に書いてしまって下のほうが残ったら木の残った部分を切り落としたという話があるが、ワシの発想はすべてその方式だ。

また、地価の問題にしても、建物を2階建てから6階建てにすれば、地価は3分の1に下がったことになる。10階建てなら、5分の1だ。『発想の転換』なんて言うが、物事を逆に考えてみればいいということだ」

平成30（2018）年、ノーベル医学生理学賞を受賞した本庶佑《ほんじよたすく》京大特別教授も言っていた。

「（物事の）発想は、すべての常識を捨ててみることだ」

なるほど、物事の常識は、疑ってみることも必要のようだ。田中の俯瞰的視線も、常識をはみ出したところの発想であることが分かる。

部下との議論で埒《らち》があかない局面に立ったとき、上司としていわゆる常識から一歩はずれた判断を提示してみることも、意外な〝突破口〟を得ることになると田中は教えている。それをもって、部下も愁眉《しゅうび》を開き、発想の間口を広げ、やがて育っていくということである。

問われる部下への「けもの（獣）道」伝授能力

どんな優秀な部下でも、時に仕事で行き詰まった、私生活でニッチもサッチもいかなくなった、もはやお手上げという場面がある。こういうときこそ、上司の出番である。なお人材として育てきれるか、潰してしまうか、上司として物事の〝抜け道〟を教えられる能力が問われるということである。

ここで言う〝抜け道〟とは、「けもの（獣）道」を指す。

その「けもの道」とは、山や森でサル、シカ、イノシシなどの野生動物が通ることで、自然につけられた道を指す。動物たちはこの道をたどり、餌を求めて人里の田畑に出てくる。人が山中で迷ったら、この道を辿《たど》っていけば、九死に一生を得るということである。

田中の大蔵大臣時、部下に主税局税制第一課長の山下元利《がんり》という人物がいた。山下は人物はこれ真面目で、苦学力行で東大を出、大蔵省に入った男である。ところが、仕事上である〝とんでもないミス〟を犯し、これが縁で田中とつながりができ、のちに田中の手引きで政界入りをすることになる。政界入り後は、やがて防衛庁長官を務め、田中が天下を取ったあと、終生、田中のあのときの恩義に報いたのである。田中が病魔に倒れ、田中派が事実上の竹下（登）派へと衣替えされていく中で、これに同調せず、孤高の無所属としてなお「田中派木曜クラブ」の旗を守ったのだった。

コンピューターのミスを算盤が発見

さて、山下の〝とんでもないミス〟とは、次のようなものであった。

時に、山下は税制第一課長として、折から翌年度の所得税法の改正案をまとめ上げた。これは閣議決定を経、国会に法案として提出された。

ところが、国会提出後に、一番の勘どころである税率表の数字が間違っていたこと

に気付くのである。じつはコンピューターの取り扱いによるミスだったが、もとより
そんなことは言い訳にならない。こんな杜撰《ずさん》な税率表を出されては、国会で通るもの
も通らなくなる。野党にとっては、格好の政府追及材料である。場合によっては、大
蔵大臣のクビが飛んでもおかしくない事態である。

山下は取るものも取りあえず、田中のもとに参上、深々と頭を下げて詫《わ》びた。もと
より、その責任は重大、自ら辞職を願い出るつもりだったのである。

ところが、青い顔の山下を前に、田中は破顔一笑、こう言ってのけたのだった。

「ナニ、大したことじゃない。日本の算盤が、コンピューターのミスを発見したこと
にしておけばいい。辞める必要などは毛頭ない」

のちに、山下は無所属に転じた後に構えた永田町の個人事務所で、このときのこと
を筆者に次のように述懐したものだった。

「税率表のミスは、結局、それでケリがついてしまった。所得税法の改正案も成立、
ぼくのクビもつながったわけだが、あのときの田中さんの度胸、着想の凄さ、人間味、

言うならば『親分力』に完全に参ってしまった。じつは、あれを材料に、野党は改正案潰しに動くこともできた。田中さんが、上司として裏で自らの野党とのパイプを使い、相当、根回しで苦労されたことは言うまでもない。それにしても、算盤がコンピューターのミスを発見したなどは、ふつうの人間の発想にはない。やがて、ぼくのところにいろんな派閥から政界入りの話が来たが、政治をやるなら田中さんのもとでとしか考えられなかったものです」

ここでの田中は、部下のために泥をかぶってやるという「親分力」の一方で、上司は部下の苦境に〝脱出口〟、すなわち「けもの道」の一つも教えられないのでは物足りないともしているようである。

田中は首相になる前の佐藤（栄作）派幹部時代、佐藤政権を支えるための〝台所〟すなわち派閥資金の面倒も、一手に担っていた。時に、そうした部分で自らが「けもの道」を辿っての綱渡りも、多々あったともされている。

一方で、政界の事情にうとい若手の議員たちが、最後に頼ったのが田中であった。

ピンチの選挙資金、票の調達法から、私生活でニッチもサッチもいかなくなった際のその〝脱出法〟まで、田中は「けもの道」ノウハウを伝授していた。

例えば、女性スキャンダルでヒイヒイ言っているような議員には、仲に入ってくれる人物から、収拾させるためのカネの面倒まで、物心両面から手を差しのべたということだった。

「けもの道」とは、生きるための知恵と言い換えてもいいだろう。上司としての人生の積み重ね、仕事の経験の豊かさから得た知恵を、自分だけのものにしていても一文にもならない。

部下に「けもの道」の一つくらいは教えられてこそ、上司〝有資格者〟である。教えられないようでは、〝そこまで〟と自戒したい。

有能な部下の「損失補填《ほてん》人事」を忘れてはならない

前項で部下が本当に困っているとき、上司として物事の〝抜け道〟、すなわちそこから脱出させるための「けもの（獣）道」を教えてやれなくてどうすると記したが、もう一つ忘れていけないのが人事についてである。

いまはポストに不遇をかこつが、新しい部署に就かせれば、必ず実力、能力を発揮してくれそうだという有能な部下はいる。そうした部下に対して、自分がある程度、人事に影響を及ぼすポストに就いたら、どこかで処遇してやるべきである。直属の部下だったそうした人物には、目をかけておきたいものである。また、そこまでやってくれた上司がピンチに立ったとき、こんどは報恩のため、時にはあらゆる犠牲を払ってでも支援に回ってくれるのが、こうした部下であることを知りたい。上司たる者、部下への人事の損失補填は、出来る限りやってやれということである。

田中角栄については、首相時代に大蔵省の事務次官人事で、次のような例がある。時の大蔵大臣は、ライバル関係にあった福田赳夫である。田中が首相になるに際しての自民党総裁選では、両者、泥沼の「角福戦争」を演じたことは知られている。その福田が、後任次官に自らに近い主計局長の橋口収《おさむ》を推した。慣例からすれば、主計局長は次官の〝待機ポスト〟であり、福田としても常識的な選択をしたことになる。

ところが、田中はこの〝橋口案〟に難色を示し、自らに近い主税局長だった高木文雄を推したのだった。結局、田中、福田の神経戦のあと、福田が田中の顔を立てた形で、「高木次官」を実現させることになったのだった。

だが、一方で、主計局長が次官になれずで面目を潰された橋口としては立場がない。ここで、田中の打った手が素早かった。当時の大蔵省詰め記者の証言が残っている。

「次官だった相沢英之が、橋口の処遇を田中に相談に行った。田中は、その場で経済企画庁に電話を入れ、通産省枠だった経企庁の次官に、橋口を起用せよと命じた。しかし、通産省が抵抗、なかなか埒があかなかった。

そうした中で、田中はすでにもう一案を持っていたのだった。通産省がどうしてものまない場合は、折から国土庁の新設が決まっていたことから、田中はただちに橋口の国土庁初代次官を念頭に置いていたのだった。国土庁次官が決まったあと、それまで田中に不満を抱えていた橋口も軟化、田中とのわだかまりは急速に氷解していった」

こうした田中の省庁人事の損失補填への目配りはまだ多々あり、これも田中が官僚を掌握できた大きな側面であった。

田中が警戒した竹下登の凄さ

一方、こうした「損失補填人事」をテコに求心力を高め、ジワジワと自民党内の勢力拡大に成功したのが、田中と長い間、政治生活を共にしてきた竹下登であった。田中は竹下の政治的能力、人心掌握力を買いながらも、その能力の高さから〝近親憎悪〟的なものも手伝ってか、自らの後継にはなかなかオーケーを出さなかった。その竹下は、次のような見事な損失補填ぶりを残している。

昭和49（1974）年11月、最後の内閣改造ともなる第2次田中内閣のそれは、わずか29日で終わった。時の官房長官はその竹下で、政権の「幕引き官房長官」とも言われたものだった。

そのたった29日間の内閣に、じつは初入閣組が7人いた。竹下が心したのは、「初入閣でたった29日間だけの大臣では、あまりにかわいそうだ。オレがどこかで、必ず面倒をみてやる」ということであった。竹下と気脈のあった政治部記者は、次のように言っていた。

「田中政権のあと、三木武夫、福田赳夫、大平正芳、鈴木善幸、中曽根康弘と5代の政権が続いたが、それらの政権の人事で、竹下は田中派幹部として不遇だった7人の入閣を、常に頭に置いていた。田中に進言、了解を取っては5代の内閣で閣僚としてはめ込んでいったのだった。最後は、国土庁長官（国務大臣）だった丹羽兵助で、これは中曽根内閣で総務長官として押し込んだ。竹下がそうしたすべての損失補填を

〝完了〟したのは、じつにそれを心してから8年後だった。8年かけても信念を通すとは、田中が警戒する竹下の凄さを見た思いだった」

これらの〝損失補填人物〟が、中曽根のあと政権に就いた竹下の〝応援団〟として、陰に陽に竹下政権をバックアップしたのは言うまでもなかった。

ヘタに部下の損失補填に首を突っ込めば、周囲から雑音が出るだろうなどとビビッているようでは、とても部下の大きな支持を得るようなリーダーになれる器ではない。せめて、目をつけた有能で一所懸命やっている部下には、このくらいのことはやってやれということである。

大物と言われる人物は、総じて度胸、義侠心《ぎきょうしん》、目配りが違うのである。心しておきたい。

「叱り上手」を目指せ。ただし、押さえどころを見誤るな

名上司とは、どういう人物を指すのか。経験の浅い部下を督励、業績アップにつなげる一方で、部下を人材として育て上げられる見識豊かな人物というのが一般的だ。

ここで注目しなければならないのが、〝部下への督励〟ということである。これは、言葉を換えれば部下をいかに上手に「叱る」「ほめる」かということになる。かの二宮尊徳の教訓歌にもいわく、「かわいくば、五つ数えて三つほめ、二つ叱って良き人となせ」とある。時代は変わっても、人を育てる勘所は、まさにいかに上手に「叱る」「ほめる」かに集約されていると知りたい。

しかし、とくにこの「叱る」は、実際にはなかなか難しい作業である。「ほめる」より、数倍難しい。昨今は企業などの組織内でのコンプライアンスは、とみに厳しく

なり、ヘタをすると「パワハラ」のそしりを受けるから要注意ということでもある。

さて、もう一つ大事なことは、「叱る」を「怒る」とはき違えている向きがあるが、ここは分けて考える必要があるという点である。「怒る」は私憤的な色彩が強く、対して「叱る」は教えるという意味合いが強いということである。単に「怒る」では部下はヤル気をなくすが、「叱る」ならば〝教えられた〟ことにより、むしろヤル気が出るということにもなる。その意味では、「叱る」と「ほめる」は同義語に近いと言ってもいいのかも知れない。

さて、今日では昔日の感があるが、部下に怒りをモロにぶつける二人の伝説的な名上司がいた。

一人は、政界で「カミソリ」の異名を取り危機管理でラッ腕ぶりを示した、田中角栄の腹心でもあった後藤田正晴（元官房長官）。もう一人は、松下電器産業（現・パナソニック株式会社）創業者にして、「経営の神様」とされた財界での松下幸之助である。

後藤田は警察庁長官時代、「全身全霊をかけて部下を叱り飛ばした」とのエピソードを残している。とくに、部下の職務上の手抜き、失敗には厳しかったと言われている。後藤田長官当時を知る警察庁担当記者の、こんな証言がある。

「後藤田の叱る言葉はすべて理にかなっているから、叱られるほうも〝聞けた〟ということです。叱ったあとは決してネチネチせず、また優しい言葉をかけるでもなかったが、しばらくすると忘れたように特有のあの柔和な顔で接したことから、部下から恨まれることがなかった」

一方、松下もよく怒った。本社の幹部から関連企業の社長クラスまで、その逆鱗《げきりん》に触れなかった者は皆無とされている。こちらは、青筋を立てて一喝するのが常だったようだ。松下と取材を通じて親交があった故針木康雄（元「財界」編集長。のちに経営評論家）が、こう言っていたことがある。

「『おまえはいつから偉《えろ》うなったッ。大将はオレや』『本心でそう思っているのか。今日から番頭！』『この月給泥棒がッ』『辞表を持ってきたらどうや』。果ては、『刑務所へ行け！』といった〝名文句〟もあった。叱られている最中に、ついには気を失って倒れた幹部もいたそうだ。

もっとも、松下の凄いところは、怒り、叱った翌朝、本人に直々の電話を入れていたことだった。『どうや、今日は気持ちよく仕事をやっているか』と。これで、一瞬『昨日の続きか……』と受話器を握った部下もホッと一息、『オレは御大から切られたワケではないんだ』と、気持ちを入れ替えて励んだという」

ここで取り上げた後藤田、松下の共通点は、ともに叱ったあとのフォローの巧みさである。フォローにいささかの自信があったら、今日的なコンプライアンスに神経を使いつつ、「叱る」勇気を持ってみたいものだ。フォローの巧みさこそ、「叱り上手」の必須ポイントになるということである。

ポイントは「明るく叱れる」技術

そのうえで、加えたいもう一つの「叱り上手」の押さえどころは、〝明るく叱れ〟

ということになる。暗い顔、重い口調での「叱る」は、部下が深刻に受け止め過ぎ、明日にはつながらないからタブーである。これは、「叱り下手」ということになる。

そのタブーで、とくに留意しなければならないのは、部下の性格の欠点を指摘しないことだ。とくに、いまの時代は大きな問題になりかねないから絶対のタブーと言っていいだろう。そこをうまく避け、明るく、カラッと叱ることが肝要だ。

例えば、「おまえは気が小さいから困る」「雰囲気が暗くて損をしている」とやれば、部下は一番表に出して欲しくない部分を突かれたことで、ショックが少なくない。人格の否定にもつながりかねないから、次のような言い回しに換えることを心掛けたい。

「もう少し元気を出してみれば、お得意さんの評価はグンと上がるぞ。そうなりゃ、オレも嬉《うれ》しいな」

田中角栄は部下である田中派若手議員などに、手取り足取りで物を教えるということはしなかったと先に記した。「ワカッタの角さん」と言われたように、のみ込みが早く気も短く、かつ多忙な人でもあったことから、言うなら「そんなことが分からんのか」と、一言〝言い置く〟という叱り方であった。

例えば、選挙が近づくと、すでに自ら情勢調査を済ませている田中は、苦戦気味の田中派若手議員に、よくこう一喝していた。

「おまえ、出会う有権者の気持ちが、いまどこにあるか分かっているのか。それも見抜けず、選挙に勝てると思っているのか。甘く見るな。一から（戦略を）やり直せッ」

結果、選挙戦の劣勢を立て直して挽回《ばんかい》、当選を果たして田中のもとに挨拶にやってきたそうした議員に、自ら相手の手をギュッと握りながら、破顔一笑、こう言うのだった。

「おまえ、ナカナカだな。ワシの見込んだ男だけのことはある。これからは勉強、勉強だ。やがての大臣は間違いないぞ」

絶妙のフォローと言える。ここでは、一喝されたショックの尾を引くものはなく、わだかまりのない上司と部下の関係が浮かび上がる。こうした形で、田中派は常に田中への求心力を中心に一枚岩の強さを発揮、「田中軍団」として自民党内の権力抗争で他派を寄せつけることがなかったということであった。

こうしたことをビジネス社会の上司になぞらえれば、叱ったあと「よしっ、小言はこれで終わりだ」で、部下を居酒屋あたりに引っ張り出すのもいいかも知れない。ここでは、多少、話を盛ってもかまわない。

「オレも、昔、ちょこちょこ失敗をやって、当時の上司、いまの社長にはずいぶんドナられたものだ。しかし、すべて勉強になった。頼むぞ。期待している」とでも〝一芝居〟打てるような上司なら、間違いなく部下は育ってくれる。

「強将の下に弱卒なし」ということである。

「情実は捨てたい」部下への能力評価

多くの政治家の中で、絶対の権力者、上司としても君臨した田中角栄だったが、部下に対する好き嫌いとは別に、その能力には正当な評価を与えていた点が白眉であった。根底には、リーダーとして平等に人を観《み》、育てなければならないとの思いが強かったことにほかならなかった。ために、そうした自らの人物評価に反するような言動をする者には、しばしばカミナリが落ちるのだった。

例えば、田中自身は時に「アイツは遠目の富士山。近くに寄ればガレキの山」などと、冗談半分の中曽根康弘に対する〝評価〟もしたが、田中派の中堅・若手議員らを前に、こんな激怒をしたことがあった。昭和57（1982）年11月、それまでの鈴木善幸首相が退陣、田中が派として後継に中曽根を推すことを決めたときであった。

時に、中曽根は「風見鶏」の異名のもとに、田中派と手を組んだり離れたりの政治行動を取っていたことから、田中派の面々にはあまり評判がよくなかった。「あの中曽根というヤツは」「カッコばかりつけている」などと、呼び捨てにし、距離を置く姿勢を取る中堅・若手議員も少なくなかったのだった。要するに、田中派の多くは、田中が中曽根を担ぐと決めたことに、少なからず不満だったということである。

しかし、結局、田中派幹部だった金丸信（のちに副総裁）の次のような田中派会合の挨拶で、最終的に鈴木の後継に田中派は中曽根を推すということが決まったのだった。

「諸君ッ。いまやわれわれは〝ぼろミコシ〟ではあるが、中曽根を担ぐことになった。諸君も知っていると思うが、私は日本一の中曽根嫌いだ。その私が言うんだ。このシャバは、君らの思うようなシャバではない。親分が右と言えば右、左と言えば左だ。親分が右と言うのがイヤなら、この派閥を出て行くほかはないということである！」

一方で、金丸は当の中曽根自身にも、ドスを利かせてこうクギを刺すのを忘れなかった。いかにも、度胸のよさが〝売り〟の金丸らしい物言いだった。

「いざというときがあれば、オレはあんたと刺し違える覚悟だということを知っておいてくれ」

田中派の意向を無視したような独走、政権運営をすれば、いつでも親分の田中に直訴、政権を潰すと念を押したということだった。

しかし、こうした中でも、田中自身は中曽根の政治家としての資質、能力も見抜いており、中曽根政権やむなしを是認した形の中堅・若手議員の前で、こう語気強く言ったものだった。

「おまえたちが『中曽根』と呼び捨てにしたり、『あの風見鶏』だの言ったりしているうちは、とてもおまえたちは総理なんかなれんッ。自惚《うぬぼ》れてはいかんぞ。数々の修羅場を踏んできた先輩の政治家に、敬意を持てんでどうする。『中曽根先生』と言うべきだろう。組織の中での作法というものだ」

ここでは田中は田中なりに、長い政治家生活の中で中曽根に対する正当な評価がキチンとできており、ろくに本質も分からずに偉そうなことを言えばそのうち誰も相手にしなくなると教えたものであった。

一喝された元学生運動闘士

もう一つ、こんな好例がある。すでに亡くなったが、斎藤隆景《たかかげ》という新潟県六日町(現・南魚沼市)で病院経営を立ち上げ、新潟県議会議員も務めた元学生運動の闘士がいた。田中にかわいがられ、東京・目白の田中邸への出入りは自由で、田中と話をすることも多かったのである。

筆者は、田中が脳梗塞で倒れる前から、この斎藤を何回か取材したことがあった。斎藤は、次のような田中に一喝されたときのことを話してくれたことがある。時に、中曽根(康弘)政権時で、斎藤が一方で親しくしていた3度目の大蔵大臣を務めていた竹下登について、田中と話をしたときのことである。田中と竹下の間に、田中派後継問題が絡んで溝が生じていた頃のそれである。斎藤は言った。

「じつは、竹下先生に私の地元新潟のある団体の大会に出席、ご挨拶をして頂こうとお願いにあがった。竹下先生からはオーケーが出、私はオヤジさん（田中）にその旨の報告で目白邸に行ったんです。そのとき、竹下先生はなぜ幹事長になれないのかの話をした。ところが、話を聞いていたオヤジさんが、突然、顔を真っ赤にして怒りだしたんだ。オヤジさんは、こう言っていた。

『若い者たちは、よく〝竹下なんて〟といったような言い方をするが、相手は大蔵大臣だ。なんで、おめぇらみたいなヤツが、大蔵大臣をどこかに呼んだり、安っぽく使うんだッ。竹下は、将来、自民党を背負っていく人物だ。そういう人物が、国の財布の中身を知らないでどうする。だから、いまは大蔵大臣をやってもらっているんだ。みんなが、〝竹下を幹事長にしろ〟などと言っているが、大蔵大臣で力をつけることが先だ。おめぇらは、何も分かっちゃいないッ』と。オヤジさんは、竹下先生と距離を取りながらも、人物を見誤ることはなかった。あのオヤジさんに目をすえて一喝され、私もさすがに震え上がったものです」

ここでも、先の中曽根政権を担いだときの田中派中堅・若手議員に対してと同様、田中は人を見る目を磨けと、その必要性を説いたということだった。同時に、竹下への見方を吐露したことで、部下に対して好き嫌いではなく、能力評価には情実を入れず、最後は正当にその力量を評価することが上司の要諦と教えたということであった。

「論語」も教えた部下育成の三要諦

「官僚に理解して仕事をしてもらうには、三つの要素がある。こちら（政治家）に、相手（官僚）を説得する能力があるか。仕事の話に、こちらの私心、野心といったものがないか。相手が納得するまで、徹底的な議論をやる勇気、努力があるか否かだ」

これが、「官僚使いの名人」と言われた田中角栄の、官僚という部下を使いこなし、鍛える要諦でもあった。

田中は官僚をよく「コンピューター」と呼び、その能力の高さを評価していた。現行法を前提に、その枠内で考えさせれば、抜群の能力を発揮するという意味であった。一方で、時代の変化に対応する法運用などとなると、こちらのほうはなかなか融通が利かない。加えて、プライドは人一倍高く、責任を取らされることを嫌うという〝人種〟でもあるだけに、政治家側の対峙《たいじ》の仕方はなかなか難しいともしていた。

しかし、田中は冒頭のような三つの要素を駆使して、じつにこの官僚たちをうまく使いこなしたのだった。世上、「田中は官僚をカネやポストで蹂躙《じゅうりん》した」などとの声もあったが、それはあくまで一側面、田中という政治家の本質をまったく分かっていない見方である。

なぜなら、官僚は能力が乏しいと見抜いた政治家には、表向きは呼吸を合わせているものの、それ以上、積極的にその政治家のために働くということはない。一方で、能力ありと見抜いた上司としての政治家には、「公僕」として寝食を忘れても政策づくりなどに汗を流すという特性があるからだ。じつは、カネやポストなどで左右されるタチの悪い官僚などはほんのひと握りで、多くは冷静かつ優秀、秘めた情熱家が多いということである。

さて、こうした田中の官僚使いの要諦は、ビジネス社会でもそっくりそのまま、部下に仕事をしてもらい、一方で育てることに通じることを知っておきたい。政治家を上司、官僚を部下と置き換えると、ピタッとはまるということである。

「下問を恥じず」の精神

こうした田中の官僚使いのための三つの要素を「上司三要諦」とし、ビジネス社会でのそれに置き換えてみると、以下のようになる。

一つは、上司は部下の異論を説得するだけの能力が不可欠ということになる。最近の若い社員には、時に新しい発想を持つ勉強家もいる。上司が説得力なく、大声でそうした発想、意見を退けるだけでは、その場は切り抜けられても部下との信頼関係は築けず、潜在的な不満を残すことになるのは当然だ。結局、その上司のもと、組織の中で一枚岩で仕事を前に進めることは難しくなる。ために、上司としての能力の高さが、すべての前提になる。

二つは、上司の方針は決して自らのためでなく、部下にあくまで会社全体の方針であることを理解してもらう努力が不可欠である。

三つは、上司は部下が十分に納得するまで、議論から逃げてはいけないということである。議論を詰めれば、無能な上司はボロを出さざるを得ない。チョロチョロとボロを出すような上司のもとでは、部下も情熱を持って仕事ができるわけがないということになる。

もっとも、こうした三要諦に対して上司は上司で自負があり、「部下の言っていることは、オレも通ってきた道だ。まァ、ある程度、聞く耳を持っていれば十分だろう。なぜ、いまさら下の者と徹底議論しなきゃいけないのか」となりかねない。

しかし、こうした考え方に対しては、田中はこう言っている。

「そんな姿勢がダメなのだ。あくまで、全力投球で真っ正面から対峙する勇気があるかどうかだ」

こうした「角栄流」三要諦の必要性については、かの「論語」もいわく、「下問を恥じず」としている。

自分より下の者に物を聞き、教えられることを恥じるな、逃げるなということである。時代は、猛烈なスピードで激変している。上司の経験則だけに頼るメリットは相対的に低下しているのだ、ということも忘れてはいけない。

田中が「親分」として仕えた、徹底した〝熟柿手法〟で「沖縄返還」などの実績を残し、長期政権をまっとうした佐藤栄作元首相は、門下の議員によく言っていた。

「耳は二つ、口は一つ。まず、相手の言い分を聞いてみることだ。そのほうが、物事うまくいくことが多い」

相手の言い分の中には、必ずこちらからの攻め口、説得材料が見えてくることを言っているのである。

「自分の言葉」で話せ。借りものは、一発で見抜かれる

借りものでない「自分の言葉」で話せるかどうかは、部下あるいは多くの人の前でのスピーチなどで、説得力たりうるかの大きな分かれ道になる。

よくシタリ顔でウンチクをまくし立てるが、聞き手があとで振り返ってみると、「さて、何の話だっけ……」という話し手がいる。印象に残る話の核心が、じつは何もないのである。

その「何の話だっけ……」となる大きな原因は、まくし立てる言葉の中に、「自分の言葉」がないことにある。新聞、テレビ、本、雑誌、あるいは友人、知人から借りた「他人の言葉」の羅列ということである。ある程度、世の中でもまれた聞き手なら、こんな借りものは一発で見抜いてしまう。これが商談相手なら、「コイツは何もない

男だ。話が信用できない」で、会社に戻るより早く「この商談は見送りたい」との電話が入ったりすることになるワケである。

対して、田中角栄の言葉には、一切、借りものがなかった。すべて、「自分の言葉」で周囲、部下を説得してみせたのだった。

そのＤＮＡ（遺伝子）を引き継いだのが、田中の長女・真紀子であった。政界入りし、外務大臣にまで抜擢《ばってき》されたが、周囲への気配りが乏しく、唯我独尊的なところも災いして残念ながら〝失脚〟した形だったが、そのスピーチ力は父・角栄に匹敵するものであった。大衆の心を、一瞬のうちにわしづかみにしてしまう能力は出色と言えた。中年女性を中心とした圧倒的人気も、このスピーチ力にあったと言えたのである。

もとより、真紀子のスピーチを聞いていると、角栄同様、一切の借りものがなかった。すべて、自分の実体験、持ち前の鋭い直感力と感性の強さから来ていた。加えて、なかなかの迫力で押しまくるのだから、説得力十分、耳にする人の多くが思わず引き込まれてしまうということだった。

平成10（1998）年7月の自民党総裁選に立候補した小渕恵三、梶山静六、小泉純一郎の3人を、それぞれ「凡人」「軍人」「変人」と一言で表現、その後も、どこか茫洋《ぼうよう》としてキレ味に乏しかった森喜朗《もりよしろう》首相（当時）の名前を「シンキロウ（蜃気楼）」と読んでみせたのは、〝名人芸〟と言ってもよかったのである。スピーチ力で首相が決まるのなら、田中真紀子の「日本初の女性首相」は間違いないところだったが、惜しむらくはというところであった。

気の利いた言葉は不要

一方で、「角栄節」として、圧倒的説得力を見せつけた田中角栄は、例えば自分が忙しくて田中派議員などの応援演説に行けない場合、名代《みようだい》で出かける秘書に、こうクギを刺していた。

「いいか、分かったようなことを言うな。気の利いたようなことは言うな。そんなものは、聞いている者は一発で見抜く。借りものでない〝自分の言葉〟で、全力で話してこい。これに優《まさ》るものはない。そうすれば、初めて人は聞く耳を持ってくれる」

まさに、説得術の極意ということになる。上司が部下を活《い》かし、育てる極意とも言える。

「論語読みの論語知らず」が通用するほど、世の中は甘くないのである。

田中の「殺し文句」に、石破茂が泣いた日

「『いいか。次の衆院選に出ろ。おまえが親父さんの遺志を継がなくて誰が継ぐんだ』と、田中角栄先生は私の顔を正面からジッと見すえて言われた。あのとき、田中先生に出会っていなかったら、私は政治の道に入ることはなかった」

石破茂。自民党幹事長はじめ、防衛・農水・地方創生の各大臣を歴任、令和2（2020）年9月の自民党総裁選では菅義偉に敗北したが、まだ「ポスト菅」を虎視《こし》眈々《たんたん》と狙う姿勢が見受けられる。

その石破は、昭和61（1986）年7月の衆院選で初当選、田中派入りをして今日に至っている。筆者は以来、何度も取材で会っているが、石破から冒頭のような話を初めて耳にしたのは、いまから20年ほど前にさかのぼる。

冒頭の話に至る経緯は、次のようなものだった。

石破の父・二朗は、建設省事務次官を辞めたあと鳥取県知事を15年、その後、参院議員に転じて田中派入り、7年務めたあと、昭和56（1981）年9月に他界した。田中はその石破が亡くなる2週間ほど前に、鳥取市内の病院に見舞いに来た。喜んだ石破は、田中の手を握りながら、こう言った。

「一つだけ、願いを聞いて欲しい。いよいよのときは、あんたに葬儀委員長をやってもらいたい。最後の頼みだ」

この時期の田中は、精神的に相当参っていた。ロッキード裁判を抱える一方、「盟友」の大平正芳首相が急死、政権への影響力温存から後継として担いだ鈴木善幸の世論の評判もイマイチ、田中派内も竹下登の勢いが増すなどであったためである。

さて、こうした中、石破の「最後の頼み」に頷いた田中だったが、亡くなった石破の葬儀が、知事をやっていた関係で鳥取県民葬となったことで、葬儀委員長は当時の鳥取県知事が務めることになり、田中は友人代表として出席、弔辞を述べるにとどめたのだった。

ここから先が、泣かせる「角栄流」となる。

石破茂は後日、県民葬出席の礼のために田中邸を訪れた。県民葬には3500人もの弔問客があり、盛大に父親を送り出すことができたなどと頭を下げる石破に、田中はそばにいた秘書の早坂茂三にこう命じたのだった。

「おい、青山葬儀所をすぐ予約だ。県民葬が3500人なら、ここに4000人を集める。石破二朗との葬儀委員長の約束は、県民葬という筋から果たせなかったが、青山では『田中派葬』でやる。ワシが葬儀委員長だ」

時に、自民党葬の話もあったのだが、党葬になれば葬儀委員長は自民党総裁でもある鈴木善幸首相になってしまう。ために、当時の田中派は衆参両院議員合わせて100人を超えていたが、なんともべらぼうに田中はこの全員を「発起人」とする、前代未聞の「派閥葬」とすることにしたのだった。

田中はこの席で、葬儀委員長として涙を浮かべながら弔辞を読んだ。石破茂は、田中の弔辞に胸が熱くなった。

「石破君。君との約束を、私はいま今日こうして果たしている……」

後日、石破は改めてこの「田中派葬」の礼のため、再び田中のもとを訪れた。慶大法学部を卒業、三井銀行（当時）に入行してまだ間がなかった石破に向かって、田中が言ったのが冒頭の言葉だった。

石破は、田中の言葉に〝殺された〟と言ってよかった。石破は父親を失い気持ちが落ち込んでいる中で、「おまえが親父さんの遺志を継がなくて、誰が継ぐんだッ」と、絶妙のタイミングで琴線を揺さぶられてしまったということだった。

こうした「殺し文句」の一つも使えないような上司は、上司としての強い求心力は得られない。部下の上司への印象もまた、極めて薄いものになることを知っておきたい。

巧まざる人心掌握術の一言

しかし、田中の「殺し文句」は、決して恣意的なものではなかったことが重要だ。波乱の人生で身についた、〝巧まざる人心掌握術〟と言ってもよかった。大蔵大臣の頃、こんな光景があった。

新幹線の車中で、ある社会党のベテラン代議士と乗り合わせた。国会の論戦では、丁々発止、ケンカ腰になることもある相手である。支援の労組幹部と一緒のその代議士を見つけた田中は、自らツカツカとその人物の席に歩み寄り、言ったのだった。

「参った、参ったよ。予算委員会では、すっかり君にうまいところを突かれたなァ。（労組幹部に向かって）彼がもし自民党にいたら、とっくの昔に大臣か党三役くらいはやっている器《うつわ》だよ」

後日、東京に戻ったこの代議士、このときの話が労組全体に知れ渡り、「先生は本当はなかなかの人物なんだ」と、大いに株を上げたというのである。以後、この代議士は田中に頭が上がらなかった。国会での政府追及も、どこかキレ味が鈍ったものであった。

「殺し文句」の効用を知るべしである。

ちなみに、その後、石破は田中の言に添って〈鳥取全県区〉（中選挙区制）から初出馬、父親の「弔い合戦」も手伝って当選を飾っている。しかし、その前年、すでに田中は脳梗塞で倒れており、政治家として、直接、田中の薫陶を受けることはなかったのである。

「それが、心残りだった」と、石破は瞑目《めいもく》したものだった。

第4章

「心理戦争」社会の勝者を目指す

「信望」は、些細な中で生まれると知る

平素の社会生活の中でも、忘れてはならないのが、人間関係はすべて「心理戦争」のルツボの中にあるという認識だろう。

相手が喜び、納得するような会話ができ、行動が取れれば、巧まずとも人の支持は広がっていく。そのためには、対人関係で言えば、相手の心の移ろい、すなわち心理を理解することが大事だ。〝唯我独尊〟では、人は付いてこないということである。

先の項でも記したが、「人間学博士」として知られていた田中角栄の名言、至言にこうある。

「世の中は、白と黒ばかりではない。敵と味方ばかりでもない。その間にある中間地帯、グレーゾーンが一番広い。そこを取り込めなくてどうする。我を通すだけが能で

はない。これを理解することが、人の支持が集まるかどうかの最大のポイントになる。真理は常に中間にありだ」

「心理戦争」社会の勝者たれ、ということである。

しかし、勝者になることに、大層なことは必要ない。些細《ささい》な心配りができるか、巧まずに相手の琴線に響くような言葉が発せられ、行動が取れるか否かが、その〝分かれ目〟となる。心すれば、さして難しいことではないということである。

「信望」という言葉がある。信用と人望を指し、人は大事の中でそれを獲得するケースもあるが、些細な日常の振る舞いの中で手にすることも少なくない。田中における後者のそうした好例は、首相在任中の衆参の本会議場で見られたものだ。

衆参の本会議場を見学、あるいはテレビなどで見た人はお分かりかと思うが、議員席から見て議長席のやや下、演壇の左右に大臣席が並んでいる。衆議院の場合は、向かって左側の席の一番右端が首相の〝定席〟である。

一方、その大臣席の後ろに座っている人たちがいる。ここが、衆参両院とも事務局職員の席になっている。首相席のちょうど後ろあたりに議長を補佐する事務次長ほか各部長が、右側の大臣席の後ろには議事録を扱う職員がいる。

さて、本会議開始のベルが鳴ると、議場横の出入口から、首相以下、各大臣が入ってくる。当然、首相は席に着くために事務局職員の前を通ることになる。田中派担当だった記者が、こんな話をしてくれたのを思い出す。

「田中首相は事務局職員の前を通るとき、例の右手を挙げるポーズで、必ず『ご苦労さん』と声をかけていた。事務局のベテラン職員に聞いても、それまでそんなことをした首相は一人もいなかったそうだ。会釈すらなかったそうです。ためか、事務局職員は歴代首相を『○○先生』と姓で呼んでいたが、田中首相だけは『角栄先生』と名前で呼ぶ者が少なくなかった。親しみと敬意から来たものだったことは言うまでもない。

その後、中曽根康弘がこの話を耳にし、首相になってマネをしようとした。もっとも、プライドが高かったゆえか、会釈だけで『ご苦労さん』の声はなかったそうだ」

「ご苦労さんの一言、当然ではないか」

衆参両院の事務局職員というのは、法案が本会議での議題となるまで、議員たちの大変な〝陰の力〟になっている。法案が衆参両院に提出されると、次に委員会に付託され、ここでの審議、議決を経て、初めて本会議の議題となる。この間、職員たちはすべてに不備はないかと、1本の法案に全神経を集中、法案の成立まで気持ちの休まるところがない。その苦労ぶりを、議員立法33本という〝離れ業〟をやってきた田中は、苦労人だっただけに身にしみて分かっていたということだった。

また、首相官邸の正門を通って車で退出するときも、必ず田中はわざわざ車の窓を開け、直立して敬礼するボックス前の警備の警察官に、例のポーズで右手を挙げて応えていた。これにも、前出の田中派担当記者の話がある。

「歴代首相の中に警察官の敬礼に車の中で小さくうなずいた者はいたが、わざわざ窓を開けて応える人は一人もいなかったとされている。ために、そうした警察官の中からは、『田中先生のためなら、オレは矢でも鉄砲にでもなれる』という声さえ挙がった」

田中は、そうした声にケロリとして言っていた。

「皆、一所懸命に働いている。『ご苦労さん』の一言くらいは、当然のことじゃないか」

上司の「信望」とは、こうした些細な心配りの中から生まれるのだということも心したい。「心理戦争」の勝者とは、必ずしも大それたことの中で生まれるわけではない。

家出息子捜索の老母の頼みに警察庁長官を動かす

筆者は田中角栄の人心収攬術《じんしんしゅうらんじゅつ》の凄《すご》さを山のように耳にしているが、その極め付きは次のような話である。秘書当時の早坂茂三（のちに政治評論家）から、直接、聞いた話である。

昭和51（1976）年、田中がロッキード事件で逮捕、その後、保釈されてまだ間がなかった秋口の光景である。

東京・目白の田中邸の朝は、この日も陳情客などが押し寄せていた。なかには、国内外の大物の面会もあれば、単に田中の姿をひとめ見たいという地元新潟の熱烈な支持者がやってくることもある。大方は、「橋を架けて欲しい」「〇〇地区の堤防が危ないから補修を」などといった陳情である。

そうした中での早坂の話は、こうであった。

「70歳くらいのばあちゃんが、突然、『おい、角ッ』と言い出し、オヤジ（田中）のそばににじり寄ってきたんだ。オヤジが『おお、元気か』と返していたくらいだから、ばあちゃんはどうやら新潟の選挙区で長い間のオヤジの支援者だったようだ。

続けて、ばあちゃんが訴えた。要するに、自分のバカ息子がオンナをつくって家を出て行ってしまった。新潟県内にはいるらしいが、残った嫁と小さな子どもが、どうしていいものかと泣いてばかりいる。角は警察のお偉方を知っているだろうから、なんとか捜してくれないかという〝陳情〟だった」

それを耳にした田中は、その場にいた早坂に、ただちにこう命令したと言うのである。

「警察庁長官に電話だッ」

田中は、電話に出た長官に、老母と息子の名前、住所やコトの経緯などを簡単に告げたあと、こう付け加えたそうである。

「どうも気の弱い息子のようだから、手荒くせんで家まで連れて帰ってくれ」

長官のお声がかりとなれば、新潟県警も手抜きなしで万全の〝捜査〟をしてくれること請け合いだ。

「行くところがないからワシのところに来た。助けてやるのは当然」

老母は、「角、頼むのう」と言いつつ、玄関口まで出た。ここでまた、早坂は田中の凄さを見たと言った。

玄関口まで送った田中は、ごった返す靴や下駄の中から、「これか」と言いつつ老母の下駄を自ら手元に引き寄せて足元に揃《そろ》えてやったというのである。

老母が去ったあと、早坂が「オヤジさん、ばあちゃんにあそこまでいろいろとやってやる必要があるんですか」と語りかけると、田中はこう言ってニヤリ笑ったそうである。

「ばあさんは、行くところがないからワシのところに来たんだ。助けてやるのは当然だろう。ばあさん、新潟に帰ったあと、『角が、おらのためにみんなやってくれた』と親戚、近所にふれ回ってくれるんだ。これ以上の〝選挙運動〟はないだろう」

息子を捜す老母の頼みを〝快諾〟、加えて警察庁長官まで動かすというべらぼうな「角栄流」こそ、田中いわくの「世の中で一番広い中間地帯、グレーゾーンを取り込む」ことの見事な実践であった。ばあさんの〝謝意〟は、間違いなく次の選挙で何票かの「田中票」を上積みすることになる。なるほど、田中は選挙に強かったというエピソードである。

「宮城まり子」の〝直訴〟に応えたある約束

前項の老母の話もそうだったが、田中角栄は相談事を受けたら、どう努力しても応じられないものはキッパリ断わるが、これは必要、やるべきと思ったことは、即刻「決断と実行」に移した。どんな些細なことでも、約束した以上は、必ず守るという姿勢を守り通したのだった。

令和２（２０２０）年３月21日、93歳で亡くなった元女優・宮城まり子の陳情を受けた際も、田中はこれは必要不可欠なものとして受け止め、政治家としての判断をした。

経緯は、こうであった。

宮城まり子は22歳で歌手デビュー、まだ戦後の荒廃を引きずる昭和30（１９５５）

年の「ガード下の靴みがき」が大ヒット、NHK紅白歌合戦に出場し、一方で女優としても活躍した。とくに高齢の方々には、あのいささか甘ったるい歌声が蘇《よみがえ》ってくるのではないか。

その宮城まり子は、昭和30年代にミュージカルの役作りのため脳性まひの子どもがいる施設を訪問したのをきっかけに、こうした子どもたちのための学園設立を思い立った。それから10年余の歳月をかけ、ようやく私財を投じての肢体不自由児養護施設「ねむの木学園」を静岡県内に開設した。

当時、日本にはまだ社会福祉という概念が希薄で、旧優生保護法下で障害者への偏見も強く、そうした障害のある子どもの教育の場もまた、整備されていなかった。宮城は、その間、厚生省（現・厚生労働省）や静岡県に粘り強い働きかけを続け、特例としてようやく学園の設立認可を取り付けた。開設は昭和43（１９６８）年、定員12人の子どもたちでのスタートだった。学園では、終始、子どもたちからは「お母さん」と呼ばれていたのである。

ちなみに、「ねむの木学園」とは、宮城と私生活で長年のパートナーだった作家の吉行淳之介が命名している。その際、宮城は吉行から三つの約束をさせられていた。やるからには、「愚痴は言わない」「資金が足りないと言わない」「もうやめたいとは言わない」の〝3言わない〟というものであった。

さて、ここからが田中の出番である。

宮城は開設から時間が経《た》つと、ある行き詰まりを感じた。当時、国の養護施設で教育を受けるための予算は、中学校卒業の年齢までとなっていた。中学を卒業する年齢になると高校進学どころではなく、卒業後の身の置きどころをどうするかというケースが多々あったのだった。

宮城は悩んだ末、首相官邸へ〝直訴〟の電話を入れたのだった。首相は、2カ月前に就任したばかりの田中角栄である。学歴は高等小学校卒、「庶民宰相」「今太閤《いまたいこう》」の声があった。また、一方で人情家としても伝わっていた。宮城には、そうした人物なら理解を示してくれるかも知れないとの思いがあった。昭和47（1972）年9月、女優からの直接の電話に何事かと電話口に出た秘書官に、宮城はこう言ったのだった。

「鶴の一声」で予算分捕り

「お願いがございます。田中総理にお目にかかってお話をさせて頂きたいことがあります。少しでもお時間を取っていただけませんでしょうか」

折から内閣発足から時間も経っておらず、加えて「日中国交正常化」という大仕事をやった直後で超多忙の田中であったが、秘書官からの話に、即刻、返事をした。

「いますぐでいい。10分くらい（日程に）入れられるだろう」

秘書官からの返事を受けて、宮城はただちに官邸に駆け付け、応接室で田中に会った。秘書官にはほんの大ざっぱな話だけを伝えてある宮城は、ここでは切々と訴えた。

「総理。養護施設にはすばらしい才能、能力を持った子どもがおります。ところが、そういう子どもたちが、高校へ進む予算がないのです。総理のお力で、なんとかして頂けませんでしょうか」

神妙に聞いていた田中が言った。

「分かった。しかし、すぐこの場で返事はできん。しかし、年明け早々には必ず返事をする。それにしても、そんなことになっているとはワシも知らなかった……」

この場面から約3カ月後の年明け1月の特別国会のさなか、宮城のもとに時の官房長官・二階堂進から官邸に来るようにとの電話が入った。宮城を前にして二階堂が言った。

「お待たせしましたが、予算が付きました。これですべての養護学校の子どもたちは、高校教育が受けられるようになります。本当によかった」と。

じつはこの予算付けは、田中の「鶴の一声」によって決まったものであった。田中は飛び切りの頭脳を持ちながらも、自身が家庭の事情から上級学校に進めなかったことにより、子どもの教育の大事さは、人一倍、身にしみていた。ために、首相在任中には、将来のこの国を背負って立つ子どもたちの教育を預かる義務教育の教師の給料は安過ぎる、これでは人材も集まらぬとして、それまでの政府が渋っていた教師の待遇改善のため「人材確保法」を、自らの手で制定したものだった。

そのくらいだから、宮城の話には報いて当然ということでもあった。当時の官邸担当記者の話が残っている。

「田中は、もとより大蔵省には絶大な影響力を持っている。ましてや、権力は首相として絶頂期にあり、時の大平（正芳）派の大物、斎藤邦吉《くにきち》厚生大臣に根回しし、宮城まり子から陳情予算を、半ば強引に年末の予算編成の復活折衝にねじ込ませたものだった」

一方、後刻、宮城の陳情について、先の家出息子の捜索を頼んできた〝ばあちゃん〟の依頼ともども、秘書の早坂茂三はこう言っていたものである。

「宮城まり子以外にも、じつは困った芸能人からの陳情、知恵を貸して頂きたいとの類いの相談はいくつもあった。落語家の林家木久蔵（現・木久扇）も、ラーメン店を中国に出店したいと相談に来ていた。これは「中国友好協会」を紹介、うまくいったらしい。家出息子の捜索依頼のばあちゃんの件も含め、オヤジさん（田中）の姿勢はとにかく頼まれたことはできるだけ何とかしてやりたいという姿勢で一貫していた。そのうえで、そうした頼まれ事が解決したあとも、誰にこうした話をするでなし、ケロッとしていたのが常だった。むしろ、頼まれ事を持ち込まれるのをたのしんでいたフシもあった。自民党に大物は数々いたが、こういうタイプの〝親分〟は、オヤジさんをおいていなかったんじゃないか」

まさに、「情けは人のためならず」が身にしみ込んでいた田中であった。

橋本龍太郎を泣かせた一通の手紙

田中角栄の人を判断する目、その炯眼《けいがん》ぶりはよく知られている。佐藤（栄作）派時代から自らの田中派時代を通じて、若手でとくに将来性を買っていたのは小沢一郎と橋本龍太郎の二人であった。小沢に対しては、事態をドカンと一刀両断で解決する「ナタ」の魅力と評価、一方の橋本は若手では稀《まれ》な鋭い政策分析能力を持つことから、「カミソリ」の魅力と認めていた。

その橋本は、初当選後、佐藤派入りして保利茂（自民党幹事長、官房長官などを歴任）に指導を受けていたが、昭和44（1969）年12月の自らの3回目の総選挙を機に田中に心酔、以後、田中への傾斜を強めていったのだった。これには、次のような経緯があった。

橋本は初陣で、中選挙区時代の〈岡山2区〉で堂々2位当選を果たしたが、2回目の選挙で大きく票を減らし、定数5の4位当選と勢いを落としていた。

一方で、2回目の当選後は〝デキる若手〟として重用され、時に与野党対決の健康保険法案を抱える衆院の社会労働委員会と文教委員会に所属し、理事も務めた。また、自民党では党政調の文教部会の副部会長として、やはり与野党対決法案となっていた「大学立法」の成案へ向けて、寝食を忘れて対応していたのだった。

ために、橋本としては3回目の衆院選となるその選挙風が吹いても、忙しくて選挙区に帰る時間がなく、地元後援会からは「今回は極めて厳しい情勢」との情報が入っていたのだった。ここで、橋本は時の幹事長の田中に、選挙区に入っての応援を直訴したのだった。しかし、田中の言葉は冷たかった。

「君、分かるだろう。幹事長は全国を相手にしている。君のところに行っている余裕はないのだ」

これを聞いた向こうっ気の強さで知られていた橋本は、「それなら結構です」と席を蹴るようにして、党本部の幹事長室を出たのだった。その後、何とか時間を捻出し、ようやく選挙区のある岡山行きの新幹線に飛び乗ることができた。

問われる詰めの厳しさ

ところが、である。選挙区に帰って間もなく、橋本は田中幹事長から一通の手紙が、地元の票を多く握る有力者のもとに届いていたことを知った。

その手紙は墨痕鮮やかな田中の直筆で、巻紙の長さがなんと2メートル近くもあるものだった。これだけの文章を綴《つづ》ることは、片手間ではできない。田中の何事にも誠心誠意、全力投球という姿勢が窺《うかが》えたのであった。その手紙の要旨は、次のようなものであった。

「私の調査では、現時点で橋本龍太郎は当落線上から上がっていない。橋本は国会できりきり舞いしていたことで、地元には帰れなかった。党としては、党務で全力投球をした人間を落選させることはできない。私としては、なんとしても橋本を上げたい。

貴殿の会社の事業所が選挙区にあるが、何とか協力をお願いしたい」

この事実を知った〝感激屋〟でもあった橋本は、口では冷たかったがここまでやってくれた田中を思い、「しばし涙に暮れた」と、のちに自ら告白している。

こうした田中の何事にも誠心誠意、全力投球の真骨頂は、じつはこの手紙だけにとどまらなかった。田中は自らの部下でもあった当時の国対副委員長の竹下登に、別の有力者の会社のいくつかの事業所を回る依頼もしていたのだった。ここでは、田中特有の〝詰めの厳しさ〟が窺われた。竹下も持ち味のきめの細かさを発揮、遺漏なく事業所を回って頭を下げたものだった。

結果、橋本はこうした手抜きのない「角栄流」が奏功した形で、この3回目の選挙では見事トップ当選を果たすことができた。

やがて歳月が流れ、田中がロッキード事件で逮捕、保釈されて目白の田中邸に戻った日、橋本はイの一番に駆けつけて田中を迎え、ここでは「オレは角さんが好きなんだ」と目を潤ませたものであった。

上司諸君。目をつけた部下には、上司としてそんな感激の記憶を残してやりたいものである。そうして目をかけられた部下は、仮に上司が苦境に立つことがあっても、部下を超えた〝真の友人〟として全面バックアップ、最後まで見放すことはないと知りたい。

「気に入らない相手」とも、全力で向き合う勇気があるかどうか

人が生きていくうえで、避けることが難しいのが〝しがらみ〟である。漢字で書けば「柵」となり、転じてせきとめるもの、まといつくものという意味がある。

その〝しがらみ〟の中には、時に自分の足を引っ張る敵もいる。しかし、田中角栄は、「アイツは嫌いだ」と背中を向けてばかりいるようでは、とても人脈の裾野は広がらないとしている。次のように言ったものである。

「気に入らない相手でも、全力で向き合ってみることだ。これで、やがては信頼関係が生まれてくる可能性も出てくる。ダメな相手、嫌いな相手でも、突き放して土俵の外に出してしまう必要はまったくない。『よう、元気か』と声もかけられるときもある。いつの日か、仲間になれるチャンスも生まれるということだ」

筆者は若い頃から、毎日新聞政治部記者出身でテレビ・キャスターとしても活躍した政治評論家の故三宅久之と、親しくさせて頂いていた。三宅は右も斬るが左も斬るなど、バランスの取れた発言、物の見方をする人物であった。時に、田中角栄ならびに「数は力」で押す田中派を、〝辛口〟で評することもあったのである。

その三宅から、生前、昭和60（1985）年元日の東京・目白の田中邸での新年会に出かけたときの、こんな話を聞いたことがある。

「その日の田中邸は、政治家はもとより高級官僚、財界の歴々、新聞・テレビ各社の幹部から、新潟の支援者、田中家との私的なつながりのある人々などでごった返していた。私は早坂（茂三）秘書に挨拶して帰るつもりだったが、座敷にいた角さんが私を見つけ、『あがれ、あがれ』と声をかけてきたんだ。で、折角だから、ちょっとだけと座敷にあがると、角さん、自分のそばに来いという仕草をし、『何か飲むか』と聞いてきた。『日本酒を』と言うと、自分でお銚子を持ってきて、『まあ、飲め』と酌をしようとするんだ。一升瓶を見ると、〝越山・田中角栄の酒〟とラベルの貼ってある吟醸酒だった。

しかし、さすがに私は言った。『いや、手酌でやります。しょっちゅう悪口を言ったり書いたりしているのに、お酌を頂くわけにはいきません』と。すると、すかさず角さん言ったね。『評論家は、悪口を書くのが商売だ。気にするな。政治家は悪口を書かれるのが仕事じゃないか。さあ、やれ』と、さらっと言うんだ。参ったね、あの懐《ふところ》の深さには」

最後は脱帽だった石原慎太郎

こうした三宅同様、この手で、結局は〝脱帽〟せざるを得なかったのが、作家にして永田町では反田中の急先鋒として、長らく丁々発止を繰り広げてきた石原慎太郎であった。その石原は、やがて自らの書籍、新聞、雑誌などに、おおむね次のようなエピソードを披露、じつは〝角栄ファン〟だったことを告白している。次のような話がある。

石原は、ある日の会合で田中の〝金権政治批判〟をしたあと、神奈川県のゴルフ場「スリーハンドレッドクラブ」にあるテニスコートで汗を流し、その後、クラブハウスに引き揚げてきたのだった。そこに、ちょうどゴルフでやってきていた田中がいた。石原が一瞬マズイなと思っていると、手招きしながら田中から声がかかったというのである。

「おお、石原君。久し振りだな、こっちに来てすわれよ」

石原が「いろいろご迷惑をおかけしてすいません」と頭を下げると、田中は言った。

「ああ、お互いに政治家だ。気にするな。まあ、ちょっと付き合って一杯飲めよ」と。

そして、自らウエイターを呼んで、「おい、ビールをもう一つだ」と加えたというのである。

これをキッカケに、その後の石原は産経新聞紙上で「これは、何という人だろうと思わぬわけにはいかなかった。角さんは好きだね。私はあの人を(元々)好きだったんでね、関心がありましたもの、非常に。関心があるっていうのは、好きになる前兆なんじゃないのかな。あんな中世的なバルザック的な人間はいませんよ」と吐露し、「端倪《たんげい》すべからざるというか、寛容というか、不思議な人だと思ってしびれたね」（「プレジデント」平成28年8月15日号）と、飛び抜けた構想力や先見力にも触れて〝脱帽〟ぶりを明らかにしている。

田中は先の三宅久之あるいは石原慎太郎とも、さらりと〝恩讐《おんしゅう》〟を超えてみせている。ある種の勇気である。世の「心理戦争」の勝者には、こうした勇気が少なからず付いて回っていると知りたい。強大な人脈構築という重い扉は、こうした形で初めて開くことになるのである。

ウルサ型を参らせた「詫《わ》び状」の威力

第3章で、「親分」たる要諦の一つは〝素直さ〟にあることを指摘した。時に、部下の指摘が正鵠《せいこく》を得ていた場合、素直に聞く耳を持てるか、速やかに詫びることができるか、強いばかりが男じゃないという好例がある。

田中角栄が自ら頭を下げ、「詫び状」という手段を使って相手を虜《とりこ》にしてしまったのは、まだ40代の初めのことであった。すでに郵政大臣を経、自民党副幹事長として岸信介内閣の日米安保条約改定に馬力を発揮したあと、第2次池田勇人内閣下で党の水資源開発特別委員長のポストにあったときであった。

水資源はダムの建設など各省庁の利害が複雑に絡むことから、委員長の采配は難しい。案の定というべきか、建設省色の強い田中角栄委員長の采配に、「農林族」からクレームがついたのだった。ついには、激高した当時の「農林族」の大ボスだった重《しげ》政《まさ》誠之《せいし》が乗り出し、田中とつかみかからんばかりのやり取りとなったのだった。

それから、数日後であった。この重政のもとに、田中から巻紙の和紙に墨痕鮮やか、次のような内容の「詫び状」が届いたのだった。

「先輩に対する暴言、非礼を、心からお詫びさせて頂きたい。ただ、これもこの国の水資源の必要性を感じたがためのものであったと、何卒ご理解頂ければと存じます」

農林族の大ボスいわく「アイツは伸びる」

結果、この「詫び状」はウルサ型で鳴っていた重政をいたく感心させ、以後、田中と胸襟を開き合う間柄になったのだった。それからしばらくして、重政は田中のことを、親しい「農林族」の議員にこう言った。

「アイツを軽く見ていた。オレの長い人生で、あんな丁寧な〝詫び状〟をもらったのは初めてだった。アイツは伸びるな」

こうした「詫び状」からは、田中の粘着質でない性格を示す一方で、物事のけじめぶりと、相手に対する細心にして大胆な目配りの確かさがのぞける。筆者はかつて、名うての老博徒だった人物から、「バクチの要諦は、二つしかない。細心にして大胆であること。一方で、大胆にして細心であること。これに尽きる」と聞かされたことがある。

先にも、田中角栄でさえ一目置いた「大乱世の梶山」と言われた自民党元幹事長・梶山静六の、〝細心にして大胆〟に徹した政治手法については触れたが、田中もまた、〝細心にして大胆〟な目配りで定評があったということである。

なるほど、その後の田中は、重政が折り紙をつけたように、大蔵大臣、幹事長と実力者の階段を一気に駆け上がっていったものだった。

また、その幹事長時代にも池田正之輔《まさのすけ》という大物代議士と〝一戦〟を交えたこともあった。池田は「毒舌のイケショウ」の異名を取り、田中の前で「いまの執行部はなっちゃねェ」と毒づいたのが発端で、田中より20歳年上の池田は田中を「小僧ッ」

と呼び、田中もまた「なんだジジイッ」とつかみ合い寸前までいったのだった。

翌日早朝、田中は東京・新宿区内の池田宅へ赴いた。「先輩に対し、昨日は、大変、失礼を致しました」と詫びを入れると、先の重政同様、池田は「アイツは若いが、なかなかの男だ」と周囲に漏らすことが多かったのだった。結局は、田中の〝素直さ〟の勝利だったのである。

最近は、相手とのいさかいなどの詫び言も、メールで済ます者も少なくないらしい。そんな安直なやり方で、誰が真に怒りを収めることができるかである。ここは下手でもいい、直筆の手紙一通ぐらいは出してみたいものである。

前項で「気に入らない人物」とも全力で向き合う〝勇気〟を持てと触れたように、素直、率直な性格もまた、「心理戦争」勝者の必須条件であることを改めて自覚したい。

「マッチ箱事件」で見せた上司としての素直さ

昭和59（1984）年は、翌60（1985）年2月に田中角栄が脳梗塞で倒れた前年にあたる。田中はロッキード裁判を抱える中で、当時120人ほどの大派閥田中派を牽引し、身動きが取れない状態だった。一方で、田中に代わって同派幹部の竹下登を総裁選に立て、〝派閥の再生〟を目指そうとの派内の動きも激しくなっていた。

竹下が政権を握れば、自らの存在感、影響力が低下することを懸念していた田中の酒量はロッキード裁判の疲れも重なって、このあたりでピークに達していたのであった。ほんの少しだけ水を入れたストレートに近い「オールドパー」の名ばかりの水割りを、昼間からあおっていたのはこの頃であった。

「マッチ箱事件」は、こんなときに起きた。経緯は、田中事務所の秘書や田中派議員らの話をまとめると、次のようなものであった。

田中が事務所で真っ昼間から水割りを空けていると、そこに田中派の竹下登、江崎真澄、田村元《はじめ》ら四、五人の幹部がふらりとやってきて、四方山《よもやま》話に花を咲かせていた。そんな中で、田村が言った一言が、その場の空気を一変させたのだった。

田村は三重県出身の衆院議員で「タムゲン」の愛称で親しまれ、運輸、労働の両大臣のほか、国対委員長や予算委員長もこなした口八丁手八丁、ハッキリ物を言う度胸と侠気《おとこぎ》のある人物であった。一方で、デリケートな側面もあった。当時、田中派に所属しながらも田中派議員を中心に、無派閥議員など30人ほどの派閥横断の勉強会「田村グループ」を主宰していたものだった。その田村が、四方山話のさなかに言ったのである。

「角さん。怒らんで下さいよ。いま、あなたはいま刑事被告人の身だ。あんまり派閥を大きくすることは、いま避けたほうがいいんじゃないですか。派閥を膨張させれば、他派、裁判所、さらには国民、皆が反発することになって角さんのためにならんのじゃないですか」

ここから、〝修羅場〟が始まった。折からの水割りで赤ら顔になっていた田中がさらに激高、どす黒い顔つきになって言った。

「何を言うかッ。生意気を言うなッ」

同時に、そばにあったマッチ箱を田村に投げつけた。そのマッチ箱は田村の顔に当たってマッチ棒が飛び散ったが、田村はそれを一本ずつ拾って箱に詰めたあと、こんどはそれを田中に向けて投げつけたのだった。箱は、こんどは田中の顔に当たった。

「オレは帰らせてもらうッ」

田村はこう口にすると、他の竹下らがオロオロする中、一人、事務所をあとにしたのだった。

ところが、その日の深夜、東京・渋谷区内の田村の自宅の電話のベルが鳴った。田村が出ると、受話器の向こうから聞き覚えのある声がした。

「許してくれるか。よかった。すぐ会いたいな」

ここから先は、田村が後日、「田村グループ」中堅議員に打ち明けた話である。その議員は言った。

「タムゲンさんが誰からの電話かいぶかっていると、声の主は『ワシだ、角栄だ』と言ったそうです。マッチ箱の一件があったことで、タムゲンさんが一瞬とまどっていると、角さんは言ったそうだ。『昼間のことは許してくれ。いま家だ。一人で飲んでいるのだが、寂しくてかなわん。会いたい。君、いまから飲みに来てくれんか』と。さしものタムゲンさんも角さんが言うんじゃしょうがない、でタクシーをとばした。

田中邸母屋の一階応接間で、二人は昼間の互いの無礼を改めて詫び合い、角さんはオールドパーの水割り、タムゲンさんは日本酒の冷やをコップ酒で、深夜の二人だけの〝酒宴〟をやったそうです。角さんは何度も、『よかった』と言い、そのたびにタムゲンさんの手を握ったそうです。タムゲンさんは、しみじみ『角さんは素直な人だ。

やっぱり人に好かれるのが分かるよ』と言っていた」

「マッチ箱事件」は、やがて永田町に知れ渡ることになった。こうした〝和解〟の経緯を知らぬ関係者の間から、田村の田中派脱藩説が流れた。派閥横断ながら数人の田中派議員の入っている「田村グループ」がいざ脱藩となれば、田中の派内での求心力はもとより、自民党内での地盤沈下も必至であった。

田中はこの翌年2月に病に倒れ、事実上、政治生命を失うことになるが、倒れたあとの田村の改めての述懐が残っている。

「角さんの凄いところの一つは、あれだけ権力を持っていても、悪いところは悪いと素直になれるところだった。どんな議員に対しても、失礼があったり、相手が自分の接し方で傷ついたりしているのを知ると、まるでいたずらっ子のように、『ごめん』とやれることだった。強い人だっただけに、そうした素直さには誰もが参ってしまったものだ」

人の素直さに、うしろ指を差す人はいない。前出の「詫び状」の項ともども、上司は部下に素直に接することで、支持の輪が広がることを心したい。

「負け」を素直に受け止め、そこから這《は》い上がってくる男には色気がある。色気は、人を呼び込む少なからずの要因となる。

「フルネーム」での声がけは、意外な信頼感、親近感を生む

例えば、外でたまに知人に会ったとき、「山田さん！」と声をかけられるのと、フルネームで「山田一郎さん！」と呼ばれるのとでは、親近感を持つという点では、断然、後者に軍配が上がる。そこまで自分のことを覚えていてくれたのかと、相手への信頼感も、またグッと変わってくるということである。

田中角栄も、よくこの〝手〟を使ったのだった。

大蔵大臣時代、ふだんは滅多に接触のない若手の課長あたりと廊下ですれ違うと、例えばこう声をかけたものだった。

「おっ、鈴木二郎クンじゃないか。元気か」

課長はビックリしたあと、思うのである。〈オレは一課長に過ぎないが、大臣は自

分の氏名をフルネームで覚えていてくれたのか〉と。同時に、いささかの感慨とともに、改めて田中への親しみを覚えるということになる。

田中は大蔵大臣に就任すると、本省の課長以上の役人の氏名、経歴から政治家で親しいのは誰かなどまで調べあげた顔写真付きの「調査表」をつくり、すべて頭に叩き込んでいたとされている。それを存分に機能させ、人心収攬の具としたということだった。記憶力は抜群だから、「調査表」の中身は大方、頭に入っていたのである。

しかし、さしもの田中も、多忙を極める中で時にフルネームを忘れることがある。こんなとき、新潟の選挙区では、数年ぶりに会った支援者にこんなテクニックでフルネームの氏名を引き出すのだった。

「やあ、しばらくだ。元気か。ところで、あんたの名前が出てこないのだ……」

「渡辺ですよ」

「そんなことは分かっているさ」

まず渡辺と聞いて、記憶力抜群の田中は、数年前の出会いの光景を即座に思い出すのである。そして、言うのだった。

「ワシは、君の親父さんとは彼が村長の頃からの付き合いだった。ばあちゃん（母親）は、若い頃、村一番のベッピンさんだったナ。ところで、君の下の名前は何だったっけ」

「三郎ですよ」と返ってくると、続けたものである。

「そうだ、そうだ。渡辺三郎さんだ。たしか息子が二人いたが、もう嫁ももらっただろう」

〝タネ明かし〟をすると、何ということはないのである。このとき、田中は忙しくて選挙民の名前どころではなかった。フルネームどころではなく、すべての名前を忘れていたのだが、下の名前を忘れたフリをして、氏名すべてを引き出してしまったという〝高等戦術〟だったのだ。

このあとは、田中と「渡辺三郎さん」との距離感は一気に縮まり、改めて田中はこの支援者の気持ちをガッチリ抱え込んでしまったということだった。「渡辺三郎さん」

が、選挙のとき、改めて田中の票集めに汗を流したことは言うまでもないのである。

原敬元首相の手法に酷似

一方、こうした「角栄流」の先駆者とも言えた人物に、大正時代の原敬《はらたかし》元首相がいた。原は田中と同様の「平民宰相」として、これも田中同様、強い政治力を発揮した。

その原は、自分を支持する選挙の手足となる県市町村議会の、なんと全議員のフルネームを暗記し、それを駆使して支援体制を確立、その地位を保持したということであった。

上司諸君、自分の近しい部下のフルネームは、是非、頭に刻んでおくべきである。会社の廊下で久し振りに出くわした部下に対し、「よっ、小川四郎クンじゃないか。元気そうで結構。何よりだ」とフルネームで声かけし、肩のひとつもポンと叩ければ、「小川クン」との距離感はまたひとつ縮まるということになる。「心理戦争」は、いつでも目の前で展開されるものなのである。

葬祭行事を生かせ。「上司力」発揮の最大のチャンス

田中角栄が冠婚葬祭という、極めて儒教的な「四大礼式」を大事にしたことは知られている。なかでも、葬祭行事には、何をおいても優先するのが常であった。

人の死、葬儀に心を込めて向かい合う姿は、何よりも遺族をはじめ関係者の琴線に響く。田中はそうした葬祭行事には、誠心誠意、損得勘定抜きで向き合っていた。それは強大無比だった田中人脈の構築と無縁でなく、結果的には世の「心理戦争」を制する有力なファクターになっていたのである。

そうした事例を、二つ挙げてみる。

一つは、すでにロッキード裁判が始まっていた昭和56（1981）年2月28日の話である。

田中は多忙な日程をやりくりし、突如、ヘリコプターで長野県・伊那谷に舞い降りたのだった。じつは、時に落選中の田中派前衆院議員だった中島衛《まもる》という人物の父親の葬儀に出席し、中島の落胆と無聊《ぶりょう》をなぐさめるためであった。

空を飛んだ御大は、事前にすでに部下である田中派の幹部に号令を発していた。二階堂進、後藤田正晴、竹下登、金丸信ら7人への葬儀出席要請であり、彼らは号令に従い鉄道で中央本線茅野駅に結集したのだった。地元記者が、次のように言っていた。

「7人衆はここから車で中央自動車道に入って伊那谷に向かったのだが、じつはこの自動車道の開通は1カ月後だった。未通の高速を走るとはケシカラン話だが、日本道路公団(のちに分割・民営化)は『視察のため』を理由に許可してしまったということだった。

建設省は、田中派の〝王国〟。ましてや、田中先生の意向とあれば、公団にオーケーを出させるのは朝メシ前のようであった。御大以下、田中派の歴々を集めての葬儀に、中島前議員は感激に震えていた」

その後、中島は次の選挙で復活を果たし、田中派の中堅として活躍の場を得たとともに、より田中の忠実な部下となったのだった。

もう一つは、昭和59(1984)年4月16日の大蔵大臣だった竹下登の、父親の葬儀のときである。時に、竹下が田中派内で勢いをつけつつあったことで、権勢維持を図りたい田中との確執が言われていた。ここで出たのが、いかにも田中らしい型破りな葬儀への対応だった。

当時の田中派は衆参両院で120人ほどを擁し、その結束力から「田中軍団」と言われていた。軍団の半数以上の、じつに69人の議員が葬儀に参加するというべらぼうぶりだったのである。

そのべらぼうぶりは、もう一つ、田中の号令下、なんと飛行機までチャーター、その69人が島根県の出雲空港に降り立ったことにあった。地元記者のこんな述懐が残っている。

「出雲空港のロビーの旅行客などは、皆、一様に驚いた表情だった。全員黒服の団体となればソノ筋の集まりかといぶかったが、よく見れば全員が議員バッジを胸につけたセンセイたちだった。

一方、一行はその日のうちに羽田へ戻ったのだが、葬儀場から空港への途中、出雲蕎麦《そば》で知られる『八雲本陣』に立ち寄り、蕎麦とビールで和気藹々《あいあい》の時間を過ごした。田中元首相は得意の『角栄節』で笑いを誘いながら、機嫌よく軍団の面々にビールをついで回っていた」

この葬儀を機に、竹下の田中派内での動きにややブレーキがかかった。しかし、翌年2月、田中が脳梗塞を発症、事実上、政治生命を閉じたことで、結果的にはこれを機に竹下は天下取りに動き出すことになるのである。

先のヘリコプターで駆けつけた葬儀はもとより、ハイジャックを心配する声さえ出る中であえて飛行機をチャーターしてまで駆けつけるといったことは誰にもできることではないが、田中はよくこう言っていたのだった。

「結婚式などは本人が喜んでいるのだから、どうしても出席しなければということでもない。しかし、葬儀は別だ。残された者の心痛には、できるだけのことをしてやるべきだ。ワシの人との接し方は、戦術、戦略というものはない。相手が田中と会ってああよかった、助かったと思ってくれたら、それで十分なのだ」

呼ばれてもいないのに参列

田中の葬祭行事へのこうしたこだわりは、かって政敵だった社会党委員長の河上丈太郎の葬儀に駆けつけたことでも証明される。

このとき、田中は呼ばれてもいないのに参列、雨の中、河上の野辺の送りに2時間近く立ち尽くしたのだった。その姿を見た社会党議員の中からは、「あいつは大した男だ」との声が出た。

対して、一方の田中は、「社会党とは与党と野党に分かれているが、この国をよくしていきたいとの思いは同じだ。手を合わせて当然だろう」と意に介さず、さり気なかった。

こうした姿勢も手伝って、田中は田中派という大組織を維持できたという側面がある。田中を慕って、多くの人間が集まったということである。組織の上に立つ者が、下の者の本音を見抜くには時間がかかる。しかし、下の者は、上をじつによく見ているのである。「下、三日にして上を知る」との俚諺《りげん》が、それを証明している。

秘書を務めていた当時の早坂茂三が父親を亡くしたとき、田中はこう言って早坂を北海道・函館市の実家の葬儀に送り出したものだった。

「男は親の葬儀を仕切って、初めて一人前だ。盛大な葬儀で親父さんを送り出してやれ」

「上司力」とは、こういうものである。世の「心理戦争」を制するには、こうした言行が取れることも大きな要因となる。読者諸賢においてはぜひ、こうした「上司力」を磨き、部下に慕われる上司を目指していただきたいものである。

【参考文献】

「田中角栄　政治の天才」（岩見隆夫・学陽書房）、「自民党幹事長室の30年」（奥島貞雄・中公文庫）、「私の田中角栄日記」（佐藤昭子・新潮社）、「佐藤政権２７９７日」（楠田實編著・行政問題研究所出版局）、「田中政権８８６日」（中野士朗・行政問題研究所出版局）、「早坂茂三の田中角栄回想録」（早坂茂三・小学館）、「駕籠に乗る人担ぐ人」（早坂茂三・祥伝社）、「オヤジと私」（早坂茂三・集英社文庫）、「オヤジの知恵」（早坂茂三・集英社インターナショナル）、「宰相田中角栄の真実」（新潟日報報道部・講談社）、「政権獲り裏のウラ」（仲衞・時事通信社）、「情と理（上）」（後藤田正晴・講談社）、「田中角栄に聞け」（塚本三郎・ＰＨＰ研究所）、「歴代郵政大臣回顧録　第三巻」（逓信研究会）。

「文藝春秋」（平成28年8月・臨時増刊号）、「田中角栄 心を打つ話」（平成28年6月・別冊宝島２４６２号）、「週刊アサヒ芸能」（平成28年6月23日号〜8月11日号・大下英治）、「週刊新潮」（平成27年12月17日号）、「ＳＡＰＩＯ」（平成23年9月14日号）のほか、「朝日」「読売」「産経」「新潟日報」各新聞バックナンバー。

〈著者プロフィール〉
小林吉弥（こばやし・きちや）
政治評論家。昭和16年８月26日生まれ。早稲田大学第一商学部卒。的確な政局分析、独自の指導者論・組織論に定評がある。講演、執筆、テレビ出演など幅広く活動。最新刊に『決定版／新・田中角栄名語録』（プレジデント社）。他に『高度経済成長に挑んだ男たち』（ビジネス社）、『宰相と怪妻・猛妻・女傑の戦後史』（だいわ文庫）、『21世紀リーダー候補の真贋』（読売新聞社）など著書多数。

田中角栄 上司の心得

2021年1月25日　第1刷発行

著　者　小林吉弥
発行人　見城 徹
編集人　福島広司
編集者　鈴木恵美

GENTOSHA

発行所　株式会社 幻冬舎
〒151-0051　東京都渋谷区千駄ヶ谷4-9-7

電話　03(5411)6211(編集)
03(5411)6222(営業)
振替　00120-8-767643
印刷・製本所　近代美術株式会社

検印廃止

ISBN978-4-344-03747-2　C0095
幻冬舎ホームページアドレス　https://www.gentosha.co.jp/

この本に関するご意見・ご感想をメールでお寄せいただく場合は、
comment@gentosha.co.jpまで。